Bewegung, Spiel & Spaß in der Kita

Mit Infos und Zusatzideen aus der Psychomotorik

Praxisreihe Kindergarten

IMPRESSUM

Bibliografische Information der Deutschen Bibliothek
Die Deutsche Bibliothek verzeichnet diese Publikation in der Deutschen Nationalbibliografie; detaillierte bibliografische Daten sind im Internet über http://dnb.ddb.de abrufbar.

1. Auflage 2024

Text: Michaela Lambrecht
Illustrationen: Melanie Gürtler
Klebestreifen © Kbiscuit – AdobeStock

Satz & Gestaltung: Katrin Kleinschrot

Druck und Bindung: Grafisches Centrum Cuno, Calbe
ISBN 978-3-7806-5203-4

Inhalt

Bewegungsgeschichten und Bewegungsbaustellen

Sportliche Ideen mit Alltagsgegenständen

Wir bewegen uns in Kleingruppen

Turnen und tanzen mit Musik

Mit Bewegung in die Ruhe finden

Toben, turnen, tanzen

Bewegung in der Kita

Kinder haben verglichen mit Erwachsenen meist einen großen Bewegungsdrang. Jedoch ist es nicht immer möglich, diesen in der Kita auch auszuleben. Neben einem häufig festen Tagesablauf, der den Kindern nur bedingt Platz für individuelle Bewegung lässt, sind in vielen Kitas die Räumlichkeiten zu klein. Hinzu kommt, dass die Akustik der Gegebenheiten kaum Bewegungsaktivitäten vieler Kinder zulässt, ohne dass der Geräuschpegel zu hoch wird. Daher ist es unerlässlich, im Team und auch mit den Kindern gezielt zu überlegen, wie und wann Bewegungsideen in den Tagesablauf mit eingeplant werden können.

WARUM IST BEWEGUNG IN DER KITA SO WICHTIG?

Mittlerweile verbringen sehr viele Kinder den ganzen Tag in der Kita und haben am Abend zu Hause vielleicht nur noch wenig Zeit oder keine Möglichkeit, sich zu bewegen. Zudem werden sie häufig mit dem Auto gebracht und wieder abgeholt. Konkret bedeutet dies, dass die Zeit in der Kita den (Bewegungs-)Bedürfnissen der Kinder angepasst werden muss. Eine Turnstunde pro Woche wird dem kindlichen Bewegungsdrang nicht gerecht. Vielmehr sollte Bewegung häufig und mit Vorrang in den Tagesablauf integriert werden. Dies kann durch Aktionen im Kitagarten, Spaziergänge in der Natur, aber auch durch gezielte Bewegungsimpulse geschehen. So können beispielsweise im Morgenkreis gezielte Bewegungsübungen integriert werden. Vor dem Mittagessen können Schüttelübungen, das Ausklopfen des Körpers oder Lockerungsübungen durchgeführt werden. Auch Übungen im Sitzen am Tisch sind möglich. Darüber hinaus geben die Kinder natürlich selbst Signale, wenn es Zeit zum Bewegen ist, nämlich dann, wenn sie sehr unruhig sind. Allerspätestens jetzt sollten Möglichkeiten für Bewegungseinheiten geschaffen werden.

WELCHE BEWEGUNGSMÖGLICHKEITEN GIBT ES?

Häufig braucht es gar nicht viel, um den Kindern in der Kita die nötige Bewegung zu ermöglichen. Laufen, hüpfen, schaukeln oder klettern im Garten, das Fahren mit dem Roller und vieles mehr – wenn Sie Raum für Freispiel schaffen, ergibt sich vieles von ganz alleine.
Neben diesen freien Bewegungsangeboten können Sie aber auch gezielte Bewegungsideen ganz leicht in Ihren Tagesablauf integrieren. Je nachdem, wie viel Platz sie zur Verfügung haben, ob sie Ihre bewegten Einheiten mit Musik oder anderen Materialien kombinieren möchten oder ob Sie schnell eine Idee zum Austoben, für die Entspannung oder zur ganzheitlichen Entwicklung des Kindes suchen: in diesem Heft finden Sie Bewegungsgeschichten oder -baustellen, Tänze und andere rhythmische Ideen, Kinderyoga und weitere Entspannungsübungen sowie psychomotorische Übungen.

DER PSYCHOMOTORISCHE ANSATZ IN DIESEM HEFT

Bei psychomotorischen Bewegungsideen liegt der Fokus weniger auf der Förderung der kindlichen Motorik, sondern vielmehr auf der ganzheitlichen Entwicklung des Kindes. Die psychomotorischen Einheiten sollen zusätzlich zur motorischen Entwicklung auch die Bewegungsfreude, die Persönlichkeit, die Identitätserfahrung, die Körperwahrnehmung und das Selbstvertrauen der Kinder fördern und stärken.

Reine Psychomotorik-Stunden benötigen eine spezielle Fortbildung, finden in Kleingruppen statt und beziehen intensiv die Eltern mit ein. Dennoch ist es möglich, psychomotorische Ansätze auch bei anderen Bewegungsangeboten beziehungsweise im Kitaalltag einzubauen. In vielen Kitas ist es bereits gängige Praxis, diese Aspekte mit einfließen zu lassen. Somit sind viele Bestandteile der Psychomotorik bereits in Bewegungskonzepten von Kita und Krippe verankert.

In diesem Heft finden Sie nun ergänzend zu jeder Bewegungsidee auch einen Hinweis für eine psychomotorische Ausrichtung oder Ausweitung der jeweiligen Übung.

DIE IDEEN IN DIESEM HEFT

Alle Bewegungsangebote und psychomotorischen Übungen wurden von mir mit Kindern erprobt und lassen sich meist ohne viel Material im Alltag umsetzen. Neben den psychomotorischen Ideen gibt es gezielte Übungen, die sie einsetzen können, wenn Ihre Kinder unruhig sind, beispielsweise vor dem Mittagessen. Die Gruppengröße pro Idee können Sie je nach Situation in der Kita anpassen. Alle Angebote sind außerdem so angelegt, dass es nicht ums Gewinnen geht und keine Kinder aus dem Spiel ausscheiden. Das gezielte Üben von Bewegungsabläufen steht hier im Vordergrund, besonders bei Kindern, denen sie noch schwerfallen – damit alle Kinder von den Angeboten profitieren können. Nicht zuletzt sollen die Bewegungsideen einfach Spaß machen und die Freude an der Bewegung aufrechterhalten. Dafür ist es wichtig, dass die Kinder mitentscheiden können, wie genau Sie die Spiele gestalten, beispielsweise aus welcher Entfernung sie einen Ball in einen Karton werfen möchten.

In Zeiten von Personal- und Zeitmangel kann es Ihnen mit diesem Heft auch an trubeligen Tagen gelingen, kontinuierlich Bewegungsangebote für die kindliche Entwicklung in den Kitaalltag zu integrieren.

Bewegungsgeschichten und Bewegungsbaustellen

Das gemeinsame Erleben von Bewegungsgeschichten lädt die Kinder ein, in eine andere Welt einzutauchen. Besonders für Kinder, die sich nur ungern bewegen, sind sie daher ein großer Motivationsanreiz. Aber auch einige Bewegungsbaustellen laden zum Ausprobieren, Toben und Bewegen ein.

Alter
ab 3 Jahren
Gruppe
bis zu 12 Kinder

Unsere Füße feiern

Eine ganz besondere Einladung

Diese Bewegungsgeschichte passt nicht nur, wenn eines der Kinder Geburtstag hat, sondern macht auch zwischendurch einfach Spaß. Lesen Sie den Text langsam vor, die Kinder können dazu die Übungen machen.

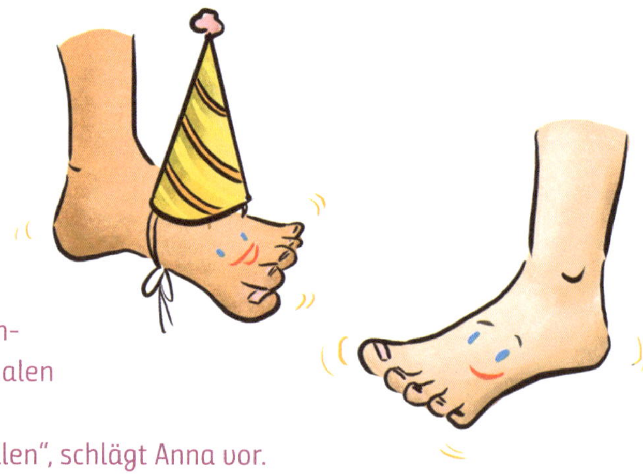

DAS BRAUCHEN SIE

- Schminkstifte
- Zeitungspapier

Anna und Lena sind zu einem Geburtstag eingeladen und dürfen mit bemalten Füßen kommen.
„Das ist ja eine tolle Idee", freuen sich die Freundinnen und überlegen, was sie auf ihre Füße malen könnten.
„Lass uns doch ein Gesicht auf unsere Füße malen", schlägt Anna vor.
Habt ihr auch Lust, ein Gesicht auf eure Füße zu malen?
Die Kinder können Schuhe und Socken ausziehen und mit den Schminkstiften ein Gesicht aufmalen.

Auf dem Fest angekommen, sehen die beiden Freundinnen lauter Füße mit bemalten Gesichtern.
Die Gäste setzen sich in einen Kreis und nicken einander mit den Füßen freundlich zu.
Die Kinder lassen ihre Füße nach vorne kippen, um sich damit zuzunicken. Jeder Gast, der möchte, stellt vor, was er auf seine Füße gemalt hat und warum. Dann überlegen die Kinder, was man alles mit den Füßen machen könnte.

Zuerst können alle auf Zehenspitzen gehen, dann auf der Ferse.
Dann dürfen die Füße wie wild herumzappeln oder noch etwas hüpfen.
Danach wackeln alle im Sitzen mit den Zehen und spreizen die Zehen weit auseinander.
Die Ideen der Gäste gemeinsam mitmachen, die Kinder können weitere Bewegungen vorschlagen.

Und als krönenden Höhepunkt können unsere Füße versuchen, eine Seite einer Zeitung zusammenzufalten. Wie klein kann sie werden?
Können die Kinder mit ihren Füßen das Papier falten oder Papierschnipsel abreißen?

Hurra, unsere Füße leisten wirklich super Arbeit! Das war eine tolle Party! Die Gäste gehen glücklich mit ihren bunt bemalten Zehen nach Hause.
Das Nachhausegehen nachspielen.

Mir ist so langweilig!

Eine lustige Bewegungsgeschichte

Alter
ab 5 Jahren
Gruppe
für ca. 8 Kinder

Manchmal ist Kindern langweilig. Mit diesem Kreideparcours vergeht die Langeweile im Nu. Suchen Sie sich einfach eine asphaltierte Fläche jenseits des Straßenverkehrs, und dann kann es auch schon losgehen.

DAS BRAUCHEN SIE

- Kreide in verschiedenen Farben

Luca ist langweilig. Egal, was sein Papa vorschlägt, Luca hat keine Lust dazu, bis sein Papa mit Kreide eine Linie auf die Straße malt und sagt: „Willkommen zum Kreideparcours. Wir balancieren jetzt mal ganz vorsichtig auf der Linie, ohne danebenzutreten." Luca macht begeistert mit.
Alle können nacheinander auf der Linie balancieren.

„Jetzt balancieren wir rückwärts über die Linie", sagt Papa.
Alle balancieren rückwärts über die Linie.

„Oder auch seitwärts."
Alle balancieren seitwärts über die Linie.

„Oder wir hüpfen mit beiden Beinen über die Linie, von links nach rechts und zurück."
Alle hüpfen von links nach rechts und zurück über die Linie – auf einer Stelle oder sich dabei noch vorwärts bis zum Ende der Linie bewegend.

„Du kannst auch mit geöffneten und mit geschlossenen Beinen die Linie entlanghüpfen."
Mit etwas Abstand ein Seil neben die Linie legen oder eine zweite Kreidelinie aufmalen, sodass die zwei Linien aussehen wie eine Straße. Jetzt hüpfen die Kinder im Wechsel mit gegrätschten Beinen nach außen und dann mit beiden Beinen nach innen.

„Als Nächstes tippen wir mit den Zehenspitzen im Wechsel auf eine der Linien."
Mit den Zehenspitzen auf eine Linie tippen.

Das war toll! Habt ihr noch andere Ideen, die ihr ausprobieren möchtet? Ihr könnt auch eine Spirale aufmalen, dann wird es noch etwas schwieriger.

Alter
ab 3 Jahren
Gruppe
bis zu 8 Kinder

Reise zum Südpol

Eine Expedition mit Teppichfliesen

Mit Teppichfliesen lässt es sich super turnen. Bei dieser Geschichte geht es mit ihnen auf eine Reise an den kalten Südpol.

DAS BRAUCHEN SIE

- mehrere Teppichfliesen (meistens kostenlos im Baumarkt erhältlich)
- Sprossenwand
- Langbank
- Kriechtunnel

Stellt euch vor, wir machen eine Reise zum Südpol. Was meint ihr, wie kommen wir zum Südpol? Genau, mit dem Flugzeug.
Die Kinder können die Arme ausbreiten und durch den Raum „fliegen".

Es dauert sehr lange, bis wir am Südpol sind. Wir müssen dazu Rechtskurven fliegen, Linkskurven und manchmal müssen wir auch durch ein Luftloch fliegen.
Bei Rechtskurven nach rechts beugen, bei Linkskurven nach links und bei Luftlöchern einmal nach oben hüpfen.

Endlich sind wir am Südpol angekommen. Wir sehen auch schon die Pinguine. Kommt, lasst uns auch wie die Pinguine watscheln.
Haben die Kinder Ideen, wie Pinguine watscheln? Dazu können sie die Beine aneinanderstellen und die Füße nach außen drehen sowie die Arme eng am Körper anlegen und die Handflächen waagerecht vom Körper wegspreizen. Dann können alle gemeinsam durch den Raum watscheln.

Wir schauen den Pinguinen zu, wie sie von Eisscholle zu Eisscholle springen.
Alle versuchen, nacheinander von Teppichfliese zu Teppichfliese zu springen.

Oh, wie lustig: Jetzt rutschen die Pinguine vom Schneehügel herunter.
Nacheinander klettern die Kinder die Sprossenwand hoch und rutschen auf der eingehängten Langbank nach unten.

Seht, die Pinguine haben einen Eistunnel gebaut! Wollen wir auch einmal durchkriechen?
Nacheinander können alle Kinder durch den Kriechtunnel kriechen.

Jetzt ist es auch schon wieder Zeit, nach Hause zu fliegen. Schnell ins Flugzeug!
Erneut werden nach Belieben Flugbewegungen gemacht.

Das war eine tolle Reise zum Südpol!

Hurra, es hat geschneit!

Eine eisige Bewegungsgeschichte

Alter
ab 3 Jahren
Gruppe
bis zu 12 Kinder

Nicht immer und überall schneit es im Winter. Aber Sie können diese Winterbewegungsstunde auch ohne echten Schnee durchführen.

DAS BRAUCHEN SIE

- weiße Chiffontücher
- Rollbrett mit angebundener Schnur
- Zeitungspapier
- großer Eimer
- Malerkrepp
- weiße Watteballchen

Endlich hat es draußen angefangen zu schneien. Die Schneeflocken fallen langsam vom Himmel.
Die Kinder können ihre Chiffontücher hochwerfen und dann herunterfallen lassen.

Im Schnee kann man vieles machen. Kommt, lasst uns einen Schneeengel machen!
Die Kinder legen sich auf den Boden und machen einen Schneeengel.

Und natürlich können wir auch einen Schneemann bauen.
Die Kinder machen Rollbewegungen mit den Händen und setzen den Schneemann pantomimisch zusammen.

Auch Schlittenfahren macht im Schnee Spaß.
Binden Sie eine Schnur an ein Rollbrett und ziehen Sie die Kinder nacheinander durch den Raum.

Ob der See schon zugefroren ist und wir Schlittschuh laufen können? Oh ja, seht her, wir haben Glück! Wir drehen ein paar Runden mit unseren Schlittschuhen.
Dazu versucht jedes Kind mit einem Fuß auf einem Zeitungspapier Schlittschuh zu laufen.

Wollen wir noch Schneebälle werfen?
Jedes Kind kann sich einen Schneeball aus der Zeitung formen. Damit dürfen die Kinder versuchen, von einer Linie aus Malerkrepp aus in einen Eimer zu werfen. Jedes Kind darf selbst entscheiden, wie nah es an den Eimer geht.

Das hat richtig Spaß gemacht. Jetzt sind wir froh, dass wir uns aufwärmen können.

PSYCHOMOTORISCHE IDEE: SCHNEESTURM

Jedes Kind darf ein Wattebällchen zu einem Schneeball knüllen und mit einem Strohhalm zu einem bestimmten Ziel pusten. Hier werden die Mundmotorik und die Kraft des Atems gestärkt. Die Kinder erleben bei der Übung direkt kleine Erfolge, was sich positiv auf das Selbstwertgefühl auswirkt.

Alter
ab 4 Jahren
Gruppe
bis zu 10 Kinder

Zu Besuch auf dem Ponyhof

Ein lustiges Reitabenteuer

Ponys sind faszinierende Tiere. Mit dieser Bewegungsgeschichte können Sie einen Besuch auf dem Ponyhof nachspielen.

DAS BRAUCHEN SIE

- Springseile
- 6 Pylone
- dünne Stöcke in möglichst gleicher Länge
- Langbank

Endlich ist der Frühling da! Und die Frühlingssonne lacht vom Himmel. Wollen wir das schöne Wetter für einen Besuch auf dem Ponyhof nutzen? Wir können sogar zu Fuß hingehen, weil der Hof ganz in der Nähe ist. Kommt, wir gehen auch gleich los!
Die Kinder gehen im Kreis.

Manchmal haben wir auch Lust, wie die Ponys zu galoppieren.
Die Kinder machen Galoppsprünge.

Auf dem Ponyhof angekommen, dürfen wir auch gleich zu den Ponys.
Die Kinder finden sich zu Paaren zusammen. Ein Kind ist das Pony und ein Kind der Reiter. Dazu das Springseil als Pferdegeschirr um den Oberkörper des „Pferdes" legen. Auf die jeweiligen Kommandos Schritt, Trab und Galopp darf sich das Pony in der jeweiligen Gangart bewegen. Danach wird getauscht und der Reiter wird zum Pony. Wichtig: Passen Sie auf, dass sich die Kinder nicht versehentlich mit dem Springseil am Hals würgen oder am Brustkorb zu fest binden.

Jetzt wird es richtig spannend. Die Ponys dürfen sich etwas ausruhen und wir bauen in der Zwischenzeit einen kleinen Parcours auf. Wollt ihr mithelfen?
Gemeinsam den Parcours aufbauen: die Stöcke mit Abstand hintereinander legen, einen Slalom aus Pylonen bauen und eine Langbank als Sprung aufstellen.

Endlich ist es so weit: Nacheinander dürfen alle Ponys den Parcours entlanglaufen. Zuerst vorsichtig über die kleinen Stöcke springen, ohne diese zu berühren.
Die Kinder versuchen, als Paar über die Stöcke zu hüpfen.

Dann kommt der Slalom dran.
Alle Kinder laufen im Galopp durch den Slalomparcours aus Pylonen.

Und als Höhepunkt kommt noch ein Sprung.
Die Kinder können über die Langbank hüpfen.

Wenn die Ponys noch Kraft haben, dürfen sie ein zweites Mal über den Parcours springen.
Wie oben den Parcours absolvieren, nun können die Kinder die Positionen wechseln.

Danach ist es Zeit für eine Pause.
Die Kinder können einen Moment ausruhen.

Habt ihr Lust, die Ponys noch etwas zu bürsten?
Ein Kind kann sich auf die Matte legen und von dem anderen Kind mit einem Igelball vorsichtig „bürsten" lassen. Natürlich wird dann auch noch gewechselt.

PSYCHOMOTORISCHER HINWEIS

Diese Übung mit dem Igelball ist in der Psychomotorik sehr beliebt. Sie fördert die Entspannung, aber auch die Selbstwahrnehmung: Die Kinder können sich fragen, ob sie die Berührungen mögen oder nicht. Was ist für sie angenehm: ein fester oder ein leichter Druck?

Alter
aAb 5 Jahren
Gruppe
bis zu 8 Kinder

Bald ist Ostern

Eine Ostereier-Bewegungsbaustelle

Diese Bewegungsbaustelle ist sehr vielfältig und macht den Kindern großen Spaß. Besonders, weil sie mit den im Parcours erbeuteten Schätzen einen Osterstrauch dekorieren können.

DAS BRAUCHEN SIE

➡ Kriechtunnel ➡ Malerkrepp ➡ viele bunte Plastikostereier ➡ Langseil ➡ 2 Körbchen mit Ostereiern und je einem Kochlöffel ➡ Sprossenwand und dicke Matte ➡ Langbank ➡ Tisch ➡ Vase mit Palmkätzchen

VORBEREITUNG UND DURCHFÜHRUNG

Bauen Sie die einzelnen Bewegungsstationen auf und besprechen Sie mit den Kindern die Übungen.

1. Einen kleinen Tisch aufstellen, darauf kommt eine Vase mit Weidenzweigen oder anderen Ästen, die die Kinder nach jeder Übung mit den gesammelten Eiern schmücken können.
2. Im Inneren des Kriechtunnels für jedes Kind mit Malerkrepp ein Osterei befestigen. Hier können die Kinder durch den Tunnel kriechen, ein Ei abmachen und es an den Zweigen (1) aufhängen.
3. Ein Langseil geschlängelt auslegen, davor kommt ein Korb mit Ostereiern und ein Kochlöffel. Die Kinder balancieren mit einem Ei auf dem Löffel das Seil entlang und hängen es am Strauch auf.
4. An der Sprossenwand auf unterschiedlicher Höhe die Ostereier mit Malerkrepp ankleben. Zur Sicherheit eine dicke Matte unter die Sprossenwand legen. Hier gilt es, die Sprossen hochzuklettern, ein Ei abzumachen und wieder herunterzuklettern. Das Ei kommt wieder an den Strauch.
5. Die Langbank an einer passenden Stelle im Raum aufstellen. Ein Körbchen mit Eiern und einen Kochlöffel dazulegen. Die Kinder können die Bank entlangbalancieren und wieder die Zweige schmücken.

TIPP Die Kinder können an unterschiedlichen Stationen beginnen. An der Sprossenwand sollte von Ihnen bei Bedarf Hilfestellung angeboten werden.

Die liegende Acht

Eine Bewegungsbaustelle für eine besondere Zahl

Alter
ab 5 Jahren
Gruppe
bis zu 8 Kinder

Sowohl in der Psychomotorik als auch in der Kinesiologie spielt die liegende Acht eine große Rolle, da sie hervorragend die linke und die rechte Gehirnhälfte verknüpft.

DAS BRAUCHEN SIE

- Langseil
- Papiere mit vorgezeichneter liegender Acht, dazu Wachsmalkreiden
- Softbälle
- Schale mit Holzspänen

VORBEREITUNG UND DURCHFÜHRUNG

Bauen Sie die Stationen auf und besprechen Sie diese mit den Kindern.

Bei der **1. Station** legen Sie ein Langseil in Form einer Acht aus. Hier können die Kinder auf dem Langseil entlangbalancieren. Dafür starten sie in der Mitte und balancieren zuerst nach links, dann über die Mitte nach rechts. Es sollte möglichst ohne Anhalten balanciert werden.

An der **2. Station** liegen mehrere Plakate mit der liegenden Acht aus. Daneben legen Sie Wachsmalkreiden. Die Kinder können nun mehrmals die Acht nachmalen. Dabei am besten in der Mitte anfangen, nach links malen, wieder zur Mitte, und dann die rechte Seite entlangfahren. Dabei ist es wichtig, dass die Bewegungen fließend und möglichst ohne Unterbrechung oder Absetzen erfolgen, um die linke und die rechte Gehirnhälfte miteinander zu verknüpfen.

Bei der **3. Station** stehen die Kinder mit gegrätschten Beinen da. Nun wird ein Softball durch die Beine gegeben: Zuerst hinter dem linken Bein vorbei, dann wieder nach vorne und durch die Mitte. Nun von hinten um das rechte Bein herumführen, bis der Ball wieder vorne in der Mitte ist.

An der **4. Station** stellen Sie eine flache Schale mit Holzspänen bereit. Hier malt jedes Kind einzeln in die Holzspäne eine Acht. Anschließend kann es die Späne für das nächste Kind glätten.

Bei der **5. Station** stehen die Kinder. Ein Arm liegt am Körper an. Mit dem anderen Arm kann das Kind kraftvoll die liegende Acht in die Luft malen oder schwingen. Dazu wird von der Mitte ein Kreis nach links geschwungen, dann von der Mitte aus ein Kreis nach rechts und wieder zurück zur Mitte.

TIPP Wenn Sie möchten, können Sie auch das Holzbrett der liegenden Acht kaufen. Hier können die Kinder während der Freispielzeit mit einer Murmel die liegende Acht erleben. Dies finden Sie bei herkömmlichen Kitabedarf-Anbietern oder auch im Onlinehandel.

Alter
ab 4 Jahren
Gruppe
bis zu 8 Kinder

Rundum fit

Zirkeltraining mit Langbänken

Langbänke eignen sich hervorragend als Turngeräte und sind super für Bewegungsbaustellen geeignet.

DAS BRAUCHEN SIE

- 4 Langbänke
- Sprossenwand
- kleines viereckiges Kastenoberteil

VORBEREITUNG UND DURCHFÜHRUNG

1. Station: Klettern und rutschen
Hängen Sie eine Langbank an der Sprossenwand ein. Die Kinder können die Sprossen hochklettern und auf der Langbank wieder herunterrutschen. **Wichtig:** Hier steht immer ein Erwachsener zur Sicherheit daneben.

2. Station: Balancieren auf der umgedrehten Langbank
Die nächste Langbank wird umgedreht und die Kinder versuchen, auf der schmalen Seite der Langbank zu balancieren. Sie entscheiden selbst, wie sie balancieren möchten (vorwärts, seitwärts oder rückwärts).

3. Station: Hier wird gewippt
Immer zwei Kinder können gemeinsam auf einer Langbank wippen. Dazu legen Sie diese über ein Kastenoberteil. Die breite Seite zeigt nach unten.

4. Station: Ziehen, ziehen, ziehen
Auf der letzten Langbank können sich die Kinder nacheinander mit den Armen vorwärtsziehen.

Falls sie keine vier Langbänke zur Verfügung haben, können Sie auch einfach eine der Übungen auswählen und sie gegebenenfalls nacheinander machen.

PSYCHOMOTORISCHER HINWEIS

Bei diesen Übungen kommt es nicht darauf an, dass die Kinder alles perfekt machen, sondern, dass sie ihre Selbstwahrnehmung und ihr Körpergefühl stärken.

Sportliche Ideen mit Alltagsgegenständen

In diesem Kapitel gibt es vielfältige Turnideen mit unterschiedlichen Sportmaterialien. Aber auch Alltagsgegenstände wie Kartons oder Wäscheklammern kommen zum Einsatz beim Balancieren, Auspowern und bei lustigen gemeinsamen Spielen.

Alter
ab 3 Jahren
Gruppe
bis zu 12 Kinder

Sandsäckchen-Turnen

Bewegungsidee für die Geschicklichkeit

Etwas auf dem Kopf oder auf anderen Körperteilen zu balancieren erfordert große Konzentration und auch Körperspannung. Mit etwas Übung gelingt dies jedoch meist sehr gut.

DAS BRAUCHEN SIE

- für jedes Kind ein kleines Sandsäckchen, die Kinder können dazu auch Socken selbst mit Reis befüllen, dies verstärkt die psychomotorische Wirkung
- eine Augenbinde

1. Übung: Säckchen ertasten und befühlen
Jedes Kind darf sich mit dem Säckchen vertraut machen, es befühlen, in den Händen wiegen und damit spielen. Dabei wird die eigene Wahrnehmung trainiert.

2. Übung: Das Säckchen hochwerfen und auffangen
Die Kinder versuchen, ihre Säckchen hochzuwerfen und wieder aufzufangen. Haben sie Schwierigkeiten beim Fangen, ist das nicht schlimm. Hier kommt es auf den Spaß und das wiederholte Üben an.

3. Übung: Sandsäcken-Parcours
Die Kinder legen die Säckchen mit etwas Abstand in eine Reihe. Folgende Ideen können sie ausprobieren:

- mit großen Schritten über die Säckchen steigen, wer möchte, auch rückwärts
- im Slalom um die Säckchen herumlaufen, zum Beispiel auf Zehenspitzen oder auf der Ferse
- im Slalom auf einem Bein durch den Parcours hüpfen

4. Übung: Sandsäckchen balancieren
Jetzt können die Kinder ihr Säckchen auf verschiedene Weise balancieren, zum Beispiel:

- auf dem Kopf oder auf einem ausgestrecktem Arm
- bei vorgebeugtem Rücken auf dem Rücken

5. Übung: Mit den Füßen greifen
Alle Kinder sitzen im Kreis. Können sie das Säckchen mit den Füßen greifen und es so zum nächsten Kind weitergeben? Jedes Kind darf entscheiden, ob es das Säckchen vom benachbarten Kind greifen möchte oder ob das Säcken zuvor auf dem Boden abgelegt werden soll.

TIPP Die Kinder können neben dem Sandsäckchen auch versuchen, einen Tannenzapfen zu balancieren. Dabei werden sie schnell merken, dass er sich viel schwerer balancieren lässt und leicht vom Kopf herunterrollt.

Der Seiltanz

Koordinationsübungen mit dem Langseil

Alter
ab 3 Jahren
Gruppe
bis zu 12 Kinder

Das Langseil eignet sich nicht nur zum Tauziehen, sondern auch für Balancierübungen.

DAS BRAUCHEN SIE

- Langseil
- Luftballons
- Klebeband
- Kinderregenschirm
- Augenbinde

1. Übung: Auf dem Seil balancieren
Legen Sie das Seil als gerade Linie auf den Boden. Nacheinander versuchen alle Kinder (vorwärts, seitwärts, rückwärts) über das Seil zu balancieren. Danach legen Sie das Langseil geschlängelt auf den Boden. Auch hier können die Kinder in einer gewünschten Gangart darüberlaufen.

VARIATION

Sie können auf dem Seil in Abständen mit dem Klebeband Luftballons befestigen. Das erhöht den Schwierigkeitsgrad, wenn die Kinder probieren, beim Balancieren über sie zu steigen.

2. Übung: Begegnung auf dem Langseil
Von jedem Seilende aus balanciert ein Kind bis zur Seilmitte. Jetzt versuchen die Kinder, vorsichtig aneinander vorbeizukommen und dabei auf dem Seil zu bleiben. Natürlich dürfen sie sich auch aneinander festhalten.

3. Übung: Seiltänzerinnen und Seiltänzer
Nacheinander können alle Kinder mit einem Regenschirm balancieren, vorwärts, rückwärts oder auch mit einer Drehung. Und ganz wichtig: Die Verbeugung am Schluss nicht vergessen!

4. Übung: Wir halten zusammen
Das Seil mit dem Klebeband zusammenknoten und als Kreis auf den Boden legen. Alle Kinder verteilen sich in möglichst gleichem Abstand um das Langseil herum und nehmen es in die Hände. Gemeinsam wird das Langseil auf „drei" mehrmals hoch und runter bewegt.
Nun halten alle Kinder mit beiden Armen das Seil fest und lehnen sich nach hinten. Niemand darf das Seil loslassen. So werden alle von der Gruppe gehalten.

PSYCHOMOTORISCHE IDEE: BLINDES BALANCIEREN

Ein Kind hat eine Augenbinde und wird von einem anderen Kind, das es an der Hand hält, langsam und vorsichtig über das Seil geführt. Hier erleben die Kinder, was es heißt, sich selbst und anderen zu vertrauen.

Alter
ab 3 Jahren
Gruppe
bis zu 12 Kinder

Gemeinsam bewegen

Spiele mit dem Schwungtuch

Das Schwungtuch ist ein einfaches und platzsparendes Turngerät, das in der Gruppe verwendet werden kann. Hier kommt es auf die Teamarbeit an: Die Kinder müssen aufeinander achten und Absprachen treffen.

DAS BRAUCHEN SIE

- Schwungtuch
- Augenbinde
- Softball
- mehrere Luftballons

1. Übung: Hoch und runter
Zum Gewöhnen an das Schwungtuch heben alle gemeinsam auf „drei" das Schwungtuch hoch und runter. So gewöhnen sich die Kinder daran, als Team zu agieren.

2. Übung: Plätze wechseln
Das Schwungtuch wird nach oben geschüttelt. Zwei Kinder, deren Namen gerufen werden, dürfen unter dem Schwungtuch ihre Plätze tauschen.

3. Übung: Wir fahren mit dem Karussell
Alle stellen sich seitwärts an das Schwungtuch und halten es mit der rechten Hand fest. Jetzt gehen alle gemeinsam im Kreis. Dazu wird noch gesprochen:
Wir fahren heute mit dem Karussell.
Erst ganz langsam, dann ganz schnell!
Bei „ganz schnell" dürfen die Kinder schneller werden.

4. Übung: Hilfe, das Krokodil schnappt zu!
Für diese Übung setzt sich ein Kind als Krokodil in die Mitte unter das hochgespannte Schwungtuch. Nach Wunsch und Schwierigkeitsgrad kann das Krokodil eine Augenbinde tragen. Die anderen Kinder sitzen um das Schwungtuch herum, mit den Beinen unter dem Schwungtuch.
Die Kinder bewegen nun ihre Beine, um dem Krokodil einen Hinweis zu geben, wohin es krabbeln muss. Das Krokodil versucht nun passend zum Spruch, beispielsweise zur letzten Zeile „Das Krokodil schnappt zu", ein Kind zu fassen und unter das Schwungtuch zu ziehen. In der nächsten Runde kann dieses Kind das neue Krokodil spielen.
Gebt gut acht, passt auf dazu:
Sonst schnappt es euch,
das Krokodil schnappt zu.

5. Übung: Wir machen Wellen
Ein Kind darf sich in das Schwungtuch legen und die anderen Kinder machen Wellen. Dafür reicht es aus, wenn sie das Schwungtuch normal hochhalten und etwas hoch und runter bewegen. Das Kind im Schwungtuch bleibt dabei am Boden. Wie fühlt sich das für das Kind in der Mitte an? Jedes Kind darf entscheiden, ob es lieber kleine oder große Wellen möchte.
Im Anschluss können sich immer zwei Kinder gemeinsam unter das Tuch legen, und wieder werden Wellen gemacht. Auch hier bleiben die Kinder außen am Tuch ganz normal stehen und bewegen das Schwungtuch hoch und runter. Die Kinder, die unter dem Schwungtuch liegen, werden von dem Schwungtuch nicht berührt.

6. Übung: Der Ball im Schwungtuch
Ein Softball wird in das Schwungtuch gelegt. Trotz Auf- und Abwärtsbewegungen des Tuches wird versucht, dass der Softball möglichst lange im Schwungtuch bleibt.

7. Übung: Luftballons im Schwungtuch
In das Schwungtuch werden mehrere Luftballons gelegt. Durch Auf- und Abwärtsbewegungen müssen möglichst alle Luftballons aus dem Schwungtuch geschüttelt werden.

PSYCHOMOTORISCHE IDEE: DAS SCHWUNGTUCH FLIEGEN LASSEN
Alle sitzen im Kreis, werfen bei „drei“ das Schwungtuch nach oben und lassen es los. Dann warten alle, bis es wieder herabsinkt, und ziehen das Schwungtuch hinter sich herunter, sodass es sich wie ein Zelt über alle Kinder stülpt. Diese Übung kann beliebig oft wiederholt werden. Bei dieser Übung trauen die Kinder sich, loszulassen und abzuwarten, was passiert. Dadurch erfahren sie einen Moment der gleichzeitigen Ruhe und Konzentration.

Alter
ab 3 Jahren
Gruppe
bis zu 12 Kinder

Bälle sind nicht nur zum Werfen da!

Turnen mit Bällen

Mit Bällen kann man sehr viele verschiedene Bewegungsübungen machen, die psychomotorisch sehr wirksam und deshalb in der Psychomotorik regelmäßiger Bestandteil sind. Neben werfen und fangen können die Kinder sie auch rollen oder mit ihnen massieren und jonglieren.

DAS BRAUCHEN SIE

- kleine Turnbälle
- Wäschekorb
- Kochlöffel
- Igelbälle

1. Übung: Hochwerfen und fangen
Das Kind kann sich nach eigenen Ideen mit dem Ball vertraut machen und diesen hochwerfen und wieder fangen. Wer möchte, kann, wenn der Ball in der Luft ist, dabei in die Hände klatschen oder sich einmal um sich selbst drehen.

2. Übung: Gymnastik mit dem Ball
Die Kinder stellen sich in die Grätsche und machen mit dem Ball eine Acht durch die Beine. Dann nehmen sie den Ball in beide Hände und strecken die Arme im Wechsel nach oben und nach unten. Können sie dabei mit dem Ball den Boden berühren?
Danach halten die Kinder den Ball in beiden Händen gestreckt nach oben und strecken sich, so weit es geht. Können sie sich dabei noch leicht nach links und rechts beugen?
Zum Schluss wird der Ball links und rechts um den Körper herumgegeben.

3. Übung: Den Ball durch den Raum drippeln
Das Kind versucht, seinen Ball durch Antippen durch den Raum zu dribbeln. Dazu müssen die Bälle sehr gut aufgepumpt sein.

4. Übung: Werfen oder rollen?
Alle Kinder stehen im Kreis. Ein Kind hat den Ball. Es sagt einen Namen. Das gerufene Kind darf entscheiden, ob es den Ball gerollt oder geworfen haben möchte. Das andere Kind wirft oder rollt ihm dann den Ball zu. Sie können so lange spielen, bis alle Kinder an der Reihe waren.

5. Übung: Der Ball wandert los
Alle Kinder stehen mit gegrätschten Beinen hintereinander in einer Reihe. Die Hände sind nach oben gerichtet. Das erste Kind bekommt den Ball und dieser wird von jedem Spieler über den Kopf immer weiter zum nächsten Kind gereicht. Das Kind, das ganz hinten steht, rollt dann den Ball von hinten durch alle gegrätschten Beine der anderen Kinder. Dann läuft es schnell nach vorne und gibt den Ball wieder nach hinten weiter. Spielen Sie auch hier so lange, bis alle Kinder an der Reihe waren, also alle einmal ihre Position von hinten nach vorne gewechselt haben.

6. Übung: Den Ball in den Wäschekorb treffen
Alle Kinder versuchen, ihren Ball in den Wäschekorb zu werfen. Dabei kann jedes Kind selbst entscheiden, wie nah es an den Wäschekorb gehen möchte. Je öfter die Kinder werfen, desto sicherer werden sie und vergrößern den Abstand meist automatisch.

7. Übung: Ball mit einem Kochlöffel rollen
Mit einem Kochlöffel versuchen die Kinder, ihren Ball durch den Raum zu bewegen.

PSYCHOMOTORISCHE IDEE: IGELBALLMASSAGE
Zur Entspannung kann sich jedes Kind mit einem Igelball an den Beinen, den Füßen und den Armen massieren. Wenn die Kinder dies möchten, können sie sich auch gegenseitig mit dem Igelball den Rücken massieren.

Alter
ab 3 Jahren
Gruppe
bis zu 12 Kinder

Hoch in der Luft

Spaß mit Luftballons

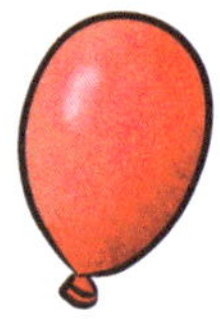

Das Turnen mit den leichten und schwebenden Luftballons macht Spaß, erfordert aber auch eine hohe Konzentration. Es ist daher, gerade auch in der Psychomotorik, immer noch von großem Nutzen. Die Kinder können hier wichtige Erfahrungen mit der Haptik von Materialien sammeln.

DAS BRAUCHEN SIE

➡ für jedes Kind einen farbigen Luftballon ➡ Klebeband ➡ Musik ➡ einen Bettbezug (für die psychomotorische Idee)

1. Übung: Luftballon werfen und fangen
Um ein Gespür für den Luftballon zu bekommen, können die Kinder diesen nach Belieben hochwerfen und wieder auffangen oder ihn durch ständiges Antippen in der Luft halten. Wer möchte, kann sich nach dem Hochwerfen auch um sich selbst drehen oder in die Hände klatschen.

2. Übung: Den Luftballon balancieren
Mit ausgestreckten Armen wird der Luftballon vorsichtig auf der Handfläche durch den Raum balanciert. Dabei sollte der Luftballon möglichst selten herunterfallen.

3. Übung: Den Luftballon durch den Raum pusten
Der Luftballon wird auf den Boden gelegt. Nur durch Pusten wird versucht, ihn durch den Raum zu befördern.

4. Übung: Einen Luftballon transportieren
Alle klemmen sich ihren Luftballon zwischen die Beine und watscheln damit vorsichtig durch den Raum. Nach Möglichkeit sollte der Luftballon dabei nicht zerplatzen.

5. Übung: Luftballontanz
Die Kinder finden sich zu Paaren zusammen und klemmen den Luftballon zwischen ihre Oberkörper. Können sie sich so gemeinsam zur Musik bewegen, ohne dass der Ballon herunterfällt?

VARIATION
Sie können diesen Tanz nach einer Weile noch erschweren, indem Sie den Kindern zusätzlich verschiedene Kommandos geben wie beispielsweise „auf Zehenspitzen gehen", „in die Hocke gehen" usw.

6. Übung: Luftballonschlacht
Dieses Spiel ist sehr lebhaft und dauert maximal zwei Minuten. Stellen Sie dafür eine Stoppuhr und teilen die Kinder in zwei Gruppen. In die Mitte des Spielfelds wird ein Klebeband zur Trennung der beiden Mannschaften auf den Boden geklebt. Jedes Team versucht auf „Los!", die Luftballons in das Feld der gegnerischen Mannschaft zu werfen. Dies geht so lange, bis die Zeit abgelaufen ist.
Wenn die Kinder möchten, können sie natürlich noch eine zweite Runde spielen. Hier geht es nicht darum, welche Mannschaft am meisten Luftballons in das andere Feld geworfen und damit gewonnen hat, sondern um die gemeinsame Bewegung und den Spaß.

7. Übung: Luftballon weiterreichen
Alle Kinder sitzen im Kreis. Ein Kind versucht, den Luftballon vorsichtig mit seinen Füßen an das nächste Kind weiterzureichen. Dieses nimmt den Luftballon mit seinen Füßen auf.

PSYCHOMOTORISCHE IDEE: LUFTBALLONBETT
Die Ballons werden in den Bettbezug gegeben. Nacheinander können sich die Kinder vorsichtig, entweder mit dem ganzen Körper oder nur mit einzelnen Körperteilen (Beine, Arme oder Oberkörper), auf das Luftballonbett legen.

TIPP Anstelle von Luftballons können Sie für die Übungen auch chinesische Papierbälle verwenden. Diese erfordern einen besonders vorsichtigen und konzentrierten Umgang von den Kindern.

HINWEIS
Die Übungen mit Ball und Luftballon weisen ganz bewusst eine gewisse Ähnlichkeit auf, sodass sie entweder zusammen oder in kurzem Abstand hintereinander durchgeführt werden können. So erleben die Kinder zum Beispiel beim Werfen sehr bewusst den Gewichtsunterschied zwischen Ball und Luftballon und erfahren so, was leicht und schwer bedeutet. Außerdem stellen sie möglicherweise fest, dass es manchmal einfacher ist, einen Ball zu werfen als einen leichten Luftballon, der schnell davonfliegt.

Alter
Ab 3 Jahren
Gruppe
bis zu 12 Kinder

Was Wäscheklammern alles können!

Auspowern und die Motorik stärken

Wäscheklammern sind ein vielseitig einsetzbares Spielmaterial. Durch die Verwendung der kleinen Klammern üben die Kinder intensiv den Pinzettengriff.

DAS BRAUCHEN SIE

- Musik
- ein Körbchen mit vielen verschiedenen Wäscheklammern
- 5 Bierdeckel
- mehrere Schnüre
- eine alte Zeitung
- Klebeband

VORBEREITUNG

Stellen Sie ein Körbchen mit den Wäscheklammern so auf, dass die Kinder es gut erreichen können. Legen Sie die Bierdeckel daneben.

1. Übung: Rundenlauf

Alle Kinder laufen ein Lied lang im Kreis herum. Sobald ein Kind eine Runde gelaufen ist, kann es eine Wäscheklammer aus dem Körbchen nehmen und an einem Bierdeckel befestigen.
Wie viele Wäscheklammern werden wohl während des Lieds erlaufen? Können die Kinder sie am Ende zählen?

2. Übung: Jede Wäscheklammer

Insgesamt gibt es hier eine rote, gelbe, grüne und blaue Wäscheklammer: Je nachdem, welche Wäscheklammer von Ihnen hochgehalten wird, führen die Kinder die einzelnen Übungen durch:
Bei der **gelben** Wäscheklammer machen alle Kinder einen Hampelmann.
Bei der **roten** Wäscheklammer spielen alle Kinder einen Elefanten und stampfen durch den Raum.
Bei der **grünen** Wäscheklammer schlängeln sich alle Kinder wie eine Schlange durch den Raum.
Bei der **blauen** Klammer legen sich alle Kinder auf den Boden und machen einen Schneeengel.

3. Übung: Wir sind Partner

Die Kinder finden sich paarweise zusammen. Dabei werden die Kinder an ihren T-Shirts mit zwei Wäscheklammern verbunden. Wenn ein Kind keinen Partner hat, spielen auch Sie mit. Jetzt gehen die Kinder durch den Raum und versuchen dabei, dass die Wäscheklammer sich nicht von ihren T-Shirts löst.

Natürlich können die Kinder auch versuchen, gemeinsam in die Hocke zu gehen, rückwärtszugehen, auf Zehenspitzen zu gehen oder sich zu drehen. Vielleicht haben die Kinder ja noch andere Ideen, die sie ausprobieren möchten.

4. Übung: Wir hängen Wäsche auf

In verschiedenen Höhen werden Schnüre gespannt. Sie können die Schnüre mit Malerkrepp an den Wänden befestigen. Dies können Sie hinterher problemlos wieder abziehen. An den Schnüren hängen die Kinder nun mit Wäscheklammern Seiten aus einer alten Zeitung auf. Teilweise müssen die Kinder auch auf einen Stuhl steigen, um an die hohe Wäscheleine zu kommen. Für die niedrigste Wäscheleine liegen die Kinder zum Aufhängen am Boden.

PSYCHOMOTORISCHE IDEE: EINE REIHE AUS WÄSCHEKLAMMERN

Jedes Kind klemmt eine Reihe mit zehn Wäscheklammer aneinander. Kann es diese durch den Raum schieben, ohne dass sie auseinanderbricht? Bei diesem Schiebevorgang werden nicht nur die Konzentration und die Feinmotorik, sondern auch die räumliche Wahrnehmung gefördert.

Alter
ab 3 Jahren
Gruppe
bis zu 12 Kinder

Turnen mit Kastanien

Bewegungsspaß mit Naturmaterialien

Kastanien sind etwas Wunderbares. Die Kinder können damit nicht nur basteln, sondern es gibt auch viele Möglichkeiten, mit Kastanien zu turnen.

DAS BRAUCHEN SIE

- viele gesammelte Kastanien
- Handtrommel mit Schlegel
- leere Küchenrollen
- Klebeband/Malerkrepp und Filzstift
- Scheren
- mehrere Kochlöffel
- Schuhkarton
- leeres Planschbecken

1. Übung: Wir laufen zu einer Kastanie

Jedes Kind kann eine Kastanie irgendwo in den Raum legen. Dann können sich alle Kinder frei im Raum bewegen. Jedes Kind kann auswählen, wie es sich bewegen möchte, ob es gehen, laufen, hüpfen oder kriechen möchte. Alles ist erlaubt, aber die Kinder müssen aufpassen, dass sie nicht zusammenstoßen.

Sobald die Handtrommel erklingt, gehen alle zur nächstgelegenen Kastanie und legen sich die Kastanie einmal kurz auf den Kopf. Gelingt es ihnen, sie dort für einen Moment liegen zu lassen, ohne dass sie herunterfällt? Danach legen sie die Kastanie wieder auf den Boden und gehen wieder weiter. Es werden mehrere Runden gespielt.

2. Übung: Kastanien balancieren

Die Kastanie kann auf verschiedenen Körperteilen balanciert werden:

- auf dem Kopf
- auf der Handfläche
- auf einem ausgestreckten Finger
- auf dem vorgebeugten Rücken

3. Übung: Kastaniengolf

Mehrere leere Küchenrollen werden waagerecht mit Malerkrepp an den Boden geklebt.
Jede Küchenrolle ist ein Hindernis und mit einem Stift werden sie nummeriert. Jedes Kind erhält eine Kastanie und einen Kochlöffel. Nacheinander können nun alle Kinder mit ihrem Kochlöffel die Kastanie durch die Küchenrollen schlagen, ähnlich wie beim Minigolf.

4. Übung: Wie weit rollen die Kastanien?

Die Kinder schubsen von einer mit Malerkrepp markierten Linie aus ihre Kastanie so weit wie möglich. Am Ende wird geschaut, wie weit die Kastanien gekommen sind. Jedes Kind kann drei Kastanien schubsen.

5. Übung: Kastanienkugelbahn

Für dieses Spiel ist etwas Basteln im Vorfeld nötig. Die Küchenrollen werden der Länge nach mit Malerkrepp aneinandergeklebt. Sie können sie einfach senkrecht miteinander verbinden und verschieden lange Tunnel herstellen. Oder Sie bauen Kurven ein, indem Sie an die senkrechten Rollen auch mal Rollen quer anbringen. Für die Durchführung ist es am einfachsten, wenn Sie die Rollen zum Beispiel an einer Tür oder Wand befestigen. Dann können die Kinder die Kastanien nach Belieben durch die Kugelbahn rollen.

6. Übung: Kastanie im Schuhkarton

Jedes Kind versucht, seine Kastanie in einen Schuhkarton zu werfen. Dabei kann es die Entfernung zum Schuhkarton selbst festlegen. Natürlich kann jedes Kind so lange werfen, bis seine Kastanie im Schuhkarton ist.

PSYCHOMOTORISCHE IDEE: KASTANIENBAD

Befüllen Sie das Planschbecken mit Kastanien. Immer zwei Kinder können jeweils für fünf Minuten in das Kastanienbad steigen. Dabei werden die taktile Wahrnehmung und die Haptik der Kinder unterstützt.

Sie können das Kastanienbad, wenn möglich, für ein bis zwei Wochen als freies Angebot in den Alltag integrieren. Kontrollieren Sie aber immer wieder, ob Kastanien schimmeln, und sortieren diese dann aus.

Alter
ab 3 Jahren
Gruppe
bis zu 12 Kinder

Zu Schade zum Wegwerfen

Spiele mit Schachteln und Kartons

Mit Schachteln und Kartons kann man nicht nur basteln, sondern auch wunderbar turnen.

DAS BRAUCHEN SIE

- Kartons und Schachteln in verschiedenen Größen
- Musik
- mehrere Rollbretter
- mehrere Seile
- eine Schere
- Wachsmalkreiden

1. Übung: Wir steigen über die Kartons
Die Kartons werden im Raum verteilt. Die Kinder dürfen nach Belieben über die Kartons steigen. Entweder über alle einmal oder auch über einzelne mehrmals, ganz wie die Kinder es möchten.

2. Übung: Wir steigen in die Kartons
Solange die Musik läuft, können sich die Kinder im Raum bewegen. Dazu können Sie den Kindern ein Kommando geben wie „laufen", „kriechen", „rückwärtsgehen", „auf beiden Beinen hüpfen" usw. Stoppt die Musik, klettern alle in den nächsten Karton.

3. Übung: Wir laden die Pakete auf
An ein Rollbrett wird ein Seil angebunden. Die Kinder können nun die Pakete auf das Rollbrett laden und durch den Raum ziehen. Sie können hier in Kleingruppen agieren und gemeinsam überlegen, wie viele Pakete auf das Rollbrett passen, diese aufladen und dann gemeinsam durch den Raum ziehen.

4. Übung: Ein Auto entsteht
Schneiden Sie in einen großen Karton ein Loch und binden dort ein Seil fest. Wenn die Kinder möchten, können sie den Karton mit Wachsmalkreide wie ein Auto bemalen. Dann kann sich immer ein Kind in den Karton setzen und von zwei Kindern durch den Raum ziehen lassen.

PSYCHOMOTORISCHE IDEE: TURM AUS SCHACHTELN

Die Kinder können einen großen Turm aus allen Schachteln und Kartons bauen. Wir hoch der Turm wohl wird? Bei diesem gemeinsamen Bauvorgang wird das soziale Miteinander gestärkt und die räumliche Wahrnehmung trainiert.

Wir bewegen uns in Kleingruppen

Manche Bewegungsideen lassen sich in einer kleinen Gruppe besser verwirklichen, egal, ob es um eine rasante Fahrt mit dem Rollbrett geht oder die Kuscheltiere in die Turnstunde kommen.
In diesen intensiven Bewegungseinheiten kommen sowohl die Bewegung als auch die psychomotorische Förderung und der Spaß nicht zu kurz.

Alter
ab 3 Jahren
Gruppe
bis zu 5 Kinder

Heute haben wir Besuch

Turnen mit dem Kuscheltier

Wenn die Kuscheltiere mit zum Turnen dürfen, ist das natürlich richtig toll! Aber wenn die Kuscheltiere auch noch sagen dürfen, was die Kinder turnen sollen, ist das noch viel spannender.

DAS BRAUCHEN SIE

- für jedes teilnehmende Kind sein mitgebrachtes Kuscheltier
- Handtrommel mit Schlegel

1. Übung: Wir begrüßen uns gegenseitig
Heute ist eine besondere Turnstunde. Es gibt nämlich Gäste. Wollen wir sie begrüßen?
Alle Kinder gehen mit ihrem Kuscheltier im Raum umher. Sobald ein Trommelschlag ertönt, gehen sie zum nächsten Kind. Alle begrüßen sich durch Kopfnicken. Diese Übung wird mehrmals wiederholt, bis alle Kuscheltiere und Kinder begrüßt wurden.

2. Übung: Was turnst du gerne?
Jetzt geht es aber auch schon los. Wer von den Kuscheltieren ist mutig und traut sich als Erster, eine Übung vorzumachen, die wir dann alle nachmachen?
Wenn die Kinder sich noch nicht trauen, können Sie die Übung auch gemeinsam mit Ihnen durchführen. Mögliche Bewegungen sind: auf Zehenspitzen gehen, auf beiden Beinen hüpfen, Froschsprung, auf einem Bein hüpfen, sich drehen. Hier sind nach Belieben mehrere Runden möglich.

Jetzt sind wir alle etwas müde.
Zur Erholung machen wir alle gemeinsam eine kleine Atemübung.

PSYCHOMOTORISCHE IDEE: EINE ATEMÜBUNG

Wir legen uns auf den Rücken. Unser Kuscheltier liegt neben uns. Unsere Hände legen wir auf unseren Bauch. Wir holen ganz tief Luft und dann atmen wir ganz fest aus und drücken die Luft aus unserem Bauch heraus. Dies wiederholen wir mindestens dreimal.

Im Zuge der Atemübung kommen die Kinder zur Ruhe und üben, sich bewusst auf sich selbst und ihren Atem zu konzentrieren. Das sind wichtige Bestandteile in der Psychomotorik.

Lasst uns ein Bild legen!

Landart in der Natur

Alter
ab 5 Jahren
Gruppe
bis zu 6 Kinder

Gemeinsam ein Bild mit Naturmaterialien zu legen macht den Kindern großen Spaß. Gestalten Sie das Bild in der Natur und lassen Sie es dort als Geschenk für die Natur zurück.

DAS BRAUCHEN SIE

- Beutel für gesammelte Naturmaterialien
- Handy mit Notfallnummern der Eltern
- Verbandsmaterial
- Kamera

Machen Sie mit den Kindern einen Waldspaziergang. Möchten die Kinder dabei Materialien wie Blätter, kleine Äste, Steine, Kastanien, Eicheln usw. sammeln? Dann können sie damit etwas legen, zum Beispiel ein Herz. Vielleicht haben die Kinder aber auch eine ganz andere Idee. Sie sind hier vollkommen frei in der Gestaltung.
Zum Abschluss betrachten Sie gemeinsam das Bild und fotografieren es als Erinnerung. Wenn die Kinder möchten, können sie auch mit ihren Familien das gestaltete Bild besuchen.

PSYCHOMOTORISCHER HINWEIS

Durch diese Übung wird den Kindern zum einen ein Gemeinschaftsgefühl vermittelt, zugleich aber auch das eigene Selbstwertgefühl gestärkt, indem sie sich mit ihren eigenen Ideen einbringen können.

Alter
ab 3 Jahren
Gruppe
bis zu 5 Kinder

Wir holen uns den Strand in die Kita

Ein Strandspaziergang am Meer

Nicht alle Kinder kennen bereits das Meer und den Strand. Warum also nicht einfach den Strand und seine Muscheln in die Kita holen?

DAS BRAUCHEN SIE

- Planschbecken mit sauberem Wasser
- Plane mit Sand darauf
- Muscheln
- für jedes Kind ein kleines Handtuch
- CD-Spieler oder Handy mit Musik mit Meeresgeräuschen

VORBEREITUNG

Füllen Sie ein Planschbecken mit Wasser. Sie können einige Muscheln in das Wasser legen. Legen Sie dann eine große Plane an das Planschbecken und schütten Sie Sand darauf. Legen Sie für jedes Kind ein Handtuch in den Sand. Auch die Handtücher können Sie mit Muscheln bestücken.

MEDITATIVE EINHEIT

Lesen Sie den Text langsam vor.

Stellt euch vor, ihr seid am Meer! Seid ganz leise und hört den Wellen des Meeres zu! Wenn ihr möchtet, könnt ihr auch eure Augen schließen und dem kraftvollen Rauschen der Wellen lauschen.
Wellenrauschen leise einspielen

Wenn ihr wollt, machen wir einen kleinen Strandspaziergang. Wir gehen im Sand ganz nah am Wasser entlang. Manchmal kommt eine kalte Welle auf unsere Füße zu. Das erfrischt richtig.
Wir gehen langsam und vorsichtig weiter über den Strand. Wir bleiben stehen und schauen den Wellen zu. Zuerst kommen sie groß und mit Kraft vom weiten Meer herangerollt, dann werden sie immer kleiner und sanfter, bis sie bei uns ankommen.
Wir müssen aufpassen beim Gehen, damit wir nicht auf die Muscheln treten. Wir betrachten die einzelnen Muscheln. Es gibt große Muscheln oder kleine Muscheln und manche Muscheln sind auch zerbrochen. Wir heben Muscheln auf, die uns gefallen, und befühlen sie. Wie fühlen sie sich an? Glatt oder rau? Einige Muscheln gefallen uns so gut, dass wir sie von unserem Strandspaziergang mitnehmen.
Die Kinder können nun, wenn sie möchten, auf der großen Plane als ihrem „Strand" barfuß spazieren gehen und dabei Muscheln sammeln. Auch im „Meer" (Planschbecken) können die Kinder vorsichtig nach Muscheln suchen. Im Anschluss setzen sich alle wieder auf ihre Handtücher. Möchten die Kinder sich gegenseitig ihre Muscheln zeigen?

PSYCHOMOTORISCHE IDEE: SANDSPAZIERGANG

Die Kinder können mit den Füßen in das Planschbecken steigen und dann im Sand spazieren gehen. Wie fühlt sich das an, wenn der Sand an den Füßen kleben bleibt? Angenehm oder unangenehm? Was empfinden sie als angenehmer? Durch das Erspüren des Wassers und des Sandes wird die taktile Wahrnehmung gefördert. Zugleich regt die geschaffene „Meeresumgebung" die Fantasie an.

Alter
ab 5 Jahren
Gruppe
4 bis 6 Kinder

Unterwegs mit dem Rollbrett

Ein lustiges Fortbewegungsmittel

Das Rollbrett wird sehr oft in der Psychomotorik verwendet, da es nicht nur die Motorik und das eigene Selbstvertrauen trainiert, sondern auch die Körperwahrnehmung und die Hand-Auge-Koordination schult.

DAS BRAUCHEN SIE

- für jedes Kind ein Rollbrett mit Seil
- mehrere Pylone
- Softbälle
- einen Korb
- Sprossenwand

1. Übung: Wir machen uns mit dem Rollbrett vertraut
Jedes Kind setzt sich auf ein Rollbrett und hält sich (vorne) mit den Händen daran fest. Hier ist es wichtig, die Kinder darauf hinzuweisen, dass sie achtgeben und nicht mit dem Rollbrett über ihre Finger fahren oder diese einklemmen. Nun können die Kinder sich mit den Beinen abstoßen und versuchen, mit dem Rollbrett durch den Raum zu fahren.

2. Übung: Bremsen üben
Jetzt können die Kinder mit dem Rollbrett auf eine Wand zufahren und mit den Füßen bremsen üben.

3. Übung: Das Rollbrett durch einen Parcours ziehen
Ein Seil wird an dem Rollbrett befestigt. Jetzt wird das Rollbrett durch einen mit Pylonen aufgebauten Parcours gezogen. Wenn die Kinder möchten, darf zuerst ein Kuscheltier und dann ein Kind möglichst ohne anzustoßen durch den Parcours gezogen werden.

4. Übung: Abstoßen und rückwärtsrollen
Können die Kinder sich mit beiden Füßen von der Wand abstoßen und nach hinten rollen lassen? Die Hände bleiben dabei am Brett. Decken Sie die Wand vorher ab, damit sie nicht verschmutzt wird.

5. Übung: Ball holen
Legen Sie die Bälle an einem Ende des Raums an der Wand aus. Die Kinder fahren im Sitzen mit dem Rollbrett zu den Bällen, heben einen davon auf und legen ihn auf das Rollbrett. Jetzt schieben die Kinder ihr Rollbrett vorsichtig mit dem Ball darauf zurück, möglichst ohne dass er herunterfällt.

6. Übung: Auf dem Bauch fahren
Die Kinder legen sich mit dem Bauch auf das Brett und können so durch den Raum rollen. Hier müssen sie darauf achten, dass ihre Hände nicht zu nah am Rollbrett sind und sie nicht über ihre Finger fahren.

7. Übung: Slalom in Bauchfahrt
Auch auf dem Bauch liegend können die Kinder, möglichst ohne anzustoßen, im Slalom durch den Parcours fahren.

8. Übung: Zu zweit Ball spielen
Je zwei Kinder sitzen sich auf ihren Rollbrettern gegenüber. Sie versuchen sich gegenseitig einen Softball zuzuwerfen. Dabei dürfen sie sich auch mit dem Rollbrett bewegen.

9. Übung: Triff in den Korb
Vom Rollbrett aus entweder im Sitzen oder auf dem Bauch liegend versuchen die Kinder, den Ball in den Korb zu werfen. Sie können selbst entscheiden, aus welcher Position sie werfen möchten und wie nah sie an den Korb wollen.

10. Übung: Fahren mit Anhänger
Zwei Rollbretter werden hintereinander zusammengebunden. Nacheinander ziehen die Kinder das Rollbrett mit Anhänger durch den Parcours, möglichst ohne mit dem Anhänger anzustoßen. Wenn die Kinder möchten, können sie auch eine Fracht aufladen.

11. Übung: Gemeinsam durch den Parcours
Zwei Kinder sitzen Rücken an Rücken auf dem Rollbrett und müssen gemeinsam durch den Parcours lenken.

12. Übung: Krafttraining
Ein Seil wird an die Sprossenwand gebunden. Die Kinder dürfen so lange an dem Seil ziehen, bis sie mit dem Rollbrett bei der Sprossenwand sind.

PSYCHOMOTORISCHER HINWEIS

Oftmals können Kinder in Kitas einen Rollbrettführerschein machen. Im Sinne der Psychomotorik sollten sie aber darauf verzichten, denn das Üben der Bewegungen und der Spaß an der Bewegung werden in der Psychomotorik höher bewertet als das Erzielen bestimmter Anforderungen oder ihr Nachweis durch einen Schein. Dies ist wichtig, um schwächere Kinder nicht zu demotivieren, wenn sie beispielsweise den Rollbrettführerschein noch nicht schaffen.

Alter
ab 5 Jahren
Gruppe
bis zu 5 Kinder

Wir turnen Buchstaben!

Ein witziges Bewegungsangebot für Bald-Schulkinder

Die Zeit, bevor die Kinder in die Schule kommen, ist meist etwas Besonderes. Das Interesse für Buchstaben und Zahlen können Sie auch mit Bewegung verbinden.

DAS BRAUCHEN SIE

- einzelne Buchstaben auf großen Karten
- mehrere Seile

1. Übung: Welche Buchstaben kennst du?
Zuerst dürfen die Kinder erzählen, welche Buchstaben sie kennen, und den jeweiligen Buchstaben dann auch aus den Karten heraussuchen.

2. Übung: Wir turnen einen Buchstaben
Nacheinander zieht jedes Kind einen Buchstaben. Nach jedem Kartenziehen versuchen alle Kinder, gemeinsam mit ihren Körpern den jeweiligen gezogenen Buchstaben zu legen beziehungsweise darzustellen. Gelingt es ihnen?
Die Kinder lernen bei dieser Übung, gemeinsam im Team zu agieren und zu kooperieren.

PSYCHOMOTORISCHE IDEE: BUCHSTABEN BALANCIEREN

Einige Buchstaben werden mit Seilen nachgelegt. Die Kinder dürfen die Buchstaben erfühlen, indem sie an diesen entlangbalancieren. Bei dieser Übung wird der Bereich „Wahrnehmung" aus der Psychomotorik gefördert. Wenn die Kinder barfuß balancieren, verstärkt sich die Sensibilität in der Wahrnehmung.

Turnen zu zweit

Partnergymnastik

Alter
ab 5 Jahren
Gruppe
bis zu 6 Kinder

Übungen, die zu zweit durchgeführt werden, machen richtig Spaß und stärken die Beziehungen der Kinder untereinander.

DAS BRAUCHEN SIE

- ein Springseil
- einen Igelball
- eine kleine Matte

1. Übung: Aufwärmen
Zum Aufwärmen gehen die Kinder nach Belieben zu zweit durch den Raum. Sie können dabei verschiedene Möglichkeiten wählen, wie sie miteinander laufen, zum Beispiel können sie:

- sich an den Händen halten oder sich gegenseitig mit den Armen einhaken
- sich hintereinander mit den Händen an den Schultern halten
- mit zusammengebundenen Beinen laufen (das linke Bein des einen Kindes und das rechte Bein des anderen werden mit dem Springseil zusammengebunden)
- mit dem Igelball Stirn an Stirn durch den Raum gehen, ohne dass der Ball herunterfällt

2. Übung: Gemeinsam Radfahren
Die Kinder legen sich in Rückenlage einander gegenüber auf die Matten. Beide heben ihre Füße in die Luft und berühren dann gegenseitig ihre Fußsohlen. Jetzt versuchen beide zusammen einen gemeinsamen Rhythmus zum Fahrradfahren zu finden.

3. Übung: Gemeinsam aufstehen
Beide Kinder setzen sich mit aufgestellten Beinen gegenüber. Die Handflächen berühren sich. Auf „drei" drücken beide fest die Handflächen aneinander und versuchen, aufzustehen. Ob das gelingt?

4. Übung: Rücken an Rücken
Beide Kinder sitzen Rücken an Rücken. Die Füße werden aufgestellt und die Arme eingehakt. Nun müssen beide ihren Rücken fest aneinanderdrücken, um die Stützkraft zum Aufstehen zu bekommen.

PSYCHOMOTORISCHE IDEE: KRANKENTRANSPORT

Hier finden sich immer drei Kinder zusammen: Ein Kind spielt einen Verletzten. Die anderen Kinder machen vorsichtig mit ihren Händen eine Trage und transportieren das verletzte Kind.
Wichtig: Partnerübungen erfordern sehr viel Nähe. Nicht alle Kinder mögen dies und auch nicht mit jedem Kind. Hier ist die Freiwilligkeit sehr wichtig.

Alter
ab 5 Jahren
Gruppe
bis zu 6 Kinder

Oh weh, mein Rücken tut weh!

Rückenschonende Übungen

Übungen für den Rücken sind sowohl für Kinder als auch für Erwachsene gut, um die eigene Gesundheit zu stärken.

DAS BRAUCHEN SIE

- bequeme Yoga- oder Turnmatten

Machen Sie die Übungen langsam vor, dann können die Kinder mitmachen. Helfen Sie den Kindern, wenn sie eine Übung noch nicht genau durchführen können.

1. Übung: Krokodil
Auf den Rücken legen und die Füße aufstellen. Die Arme jeweils seitlich ausstrecken. Jetzt zuerst das linke Knie und dann auch das rechte auf die linke Seite kippen lassen. Diese Position wird für ein paar Atemzüge gehalten. Die Füße wieder in der Mitte aufstellen. Dann das rechte Knie langsam nach rechts kippen und das linke Knie darauf gleiten lassen. Diese Übung mehrmals wiederholen. Der Blick ist dabei immer zur Decke gerichtet oder die Kinder bewegen den Kopf jeweils in die den Knien entgegengesetzte Richtung.

2. Übung: Wirbelsäulendehnung
Im Stehen werden die beiden Handflächen aneinandergeführt. Jetzt die Arme leicht nach links bewegen und Becken und Hüfte nach rechts. Mehrere Male die Seiten wechseln. Die Bewegungen sollten möglichst fließend sein.

3. Übung: Kugel und Schaukel
Auf den Rücken legen und die Beine bis zur Brust anziehen. Mit den Armen die Beine umschließen und für ein paar Sekunden halten. Jetzt im Wechsel zuerst vor und zurück, dann vorsichtig nach links und rechts schaukeln. Mit kleinen Bewegungen anfangen, um nicht gleich umzukippen.

4. Übung: Becken kreisen
Die Haltung wie bei der Übung „Kugel" einnehmen und dann das Becken auf dem Boden zuerst nach links und dann nach rechts kreisen lassen. Am Anfang mag es den Kindern etwas schwierig erscheinen, doch mit etwas Übung klappt es bald. Es ist nicht wichtig, ob es mehrerer Versuche bedarf.

Turnen und tanzen mit Musik

Musik eignet sich zum Tanzen, aber auch für ruhigere rhythmische Einheiten. Ein Roboter- und ein Bändertanz können gemeinsam erlernt werden. Auch Chiffontücher und Kastanien kommen bei ruhiger Musik zum Einsatz.

Alter
ab 4 Jahren
Gruppe
bis zu 12 Kinder

Ruhige Bewegung

Rhythmische Bewegungserfahrung mit Tüchern

Bei dieser meditativen Bewegungsidee geht es einmal nicht ums Toben oder Rennen. Hier können sich die Kinder zur Entspannungsmusik nach eigenen Ideen ruhig bewegen und sich dabei auf die fließende Textur ihrer Chiffontücher einlassen.

DAS BRAUCHEN SIE

- bunte Chiffontücher
- Entspannungsmusik
- Handtrommel mit Schlegel

1. Übung: Kennenlernen und Ausprobieren der Chiffontücher
Jedes Kind sucht sich ein Chiffontuch in seiner Lieblings- oder Wunschfarbe aus. Was kann man mit den Tüchern alles machen? Sie hochwerfen, zerknüllen oder mit ihnen laufen ... Lassen Sie die Kinder zuerst alles in Ruhe ausprobieren.

2. Übung: Wir lassen das Tuch flattern
Die Kinder können das Tuch im Laufen hinter sich her flattern lassen.

3. Übung: Tuch hochwerfen und beobachten
Können die Kinder das Tuch hochwerfen und es wieder auffangen? Möchten sie dann eine der folgenden Bewegungen mit dem Tuch ausprobieren? Sie können sich zuerst groß machen, die Hände nach oben strecken und sich auf die Zehenspitzen stellen und dann immer kleiner werden, in die Hocke gehen, auf den Fersensitz und sich schließlich auf den Boden legen.

4. Übung: Tücher wiederfinden
Jedes Kind legt sein Tuch auf den Boden und merkt sich die Stelle. Sobald die Entspannungsmusik erklingt, beginnen die Kinder, sich frei im Raum zu bewegen. Jedes Kind kann selbst entscheiden, in welcher Form es sich bewegen möchte. Sobald die Musik stoppt, kehren alle Kinder zu ihrem Tuch zurück.

5. Übung: Merk dir das Kommando
Bei dieser Übung müssen die Kinder genau hören. Sie bewegen sich nach Belieben im Raum. Erklingt ein Trommelschlag, setzen sie sich auf den Boden und legen ihr Tuch auf den Kopf. Bei zwei Trommelschlägen legen sie sich auf den Rücken und ihr Tuch auf den Bauch. Fragen Sie im Vorfeld die Kinder: Fallen ihnen noch Übungen ein, die sie bei den Trommelschlägen durchführen möchten?

6. Übung: Das Tuch wird balanciert
Können die Kinder das Tuch auf den Kopf legen und sich damit zur Musik im Raum bewegen? Das Tuch sollte dabei möglichst wenig heruntergleiten. Es kann immer wieder verkleinert werden, um es schwieriger zu machen.

7. Übung: Fußgymnastik mit dem Chiffontuch
Die Kinder können probieren, das Tuch barfuß mit den Zehen zu greifen und so damit zu winken. Können sie das Tuch auch von einem Fuß in den anderen geben? Zu guter Letzt können sie versuchen, das Tuch mit den Füßen zusammenzulegen.

PSYCHOMOTORISCHE IDEE: EIN BILD LEGEN
Gemeinsam können die Kinder zur Entspannungsmusik mit den Tüchern ein Bild legen. Am leichtesten ist es, wenn die grünen, blauen, gelben und roten Tücher Orte oder Dinge darstellen wie eine Wiese, einen Himmel, eine Sonne und ein Haus. Die Kinder können dazu die Tücher nach Belieben falten, knüllen oder sie aufeinanderlegen.

Alter
ab 5 Jahren
Gruppe
bis zu 8 Kinder

Die Kraft des Wassers

Bändertanz zur Musik

Das Wasser ist ein lebensnotwendiges und kraftvolles Element. Mit blauen Rhythmikbändern können Sie und die Kinder einen Wassertanz erleben.

DAS BRAUCHEN SIE

➡ Musik „Die Moldau" ➡ für jedes Kind ein (blaues) Rhythmikband

1. Übung: Vertraut machen mit den Rhythmikbändern

Besonders am Anfang ist der Umgang mit den Rhythmikbändern noch ungewohnt. Geben Sie den Kindern hier im Vorfeld Anregungen, was sie alles mit den Bändern machen können, beispielsweise:

- laufen und das Band hinter sich her flattern lassen
- mit dem Arm das Band kräftig hoch und runter schwingen
- sich mit dem Band drehen
- das Band am Boden drehen und die Kreise immer größer werden lassen
- die liegende Acht in der Luft machen

2. Übung: Wir bewegen uns zu „Die Moldau"

Lassen Sie die Kinder der Musik lauschen. Können sie die Musik beziehungsweise den Rhythmus spüren und sich dazu passende Bewegungen ausdenken?

3. Übung: Ein Tanz zur Musik

Nach den beiden Übungen überlegen sie sich gemeinsam mit den Kindern geeignete Bewegungen, die Sie dann zu einem Tanz zusammenstellen. Sie können zum Beispiel:

- zuerst zwei Runden mit dem flatternden Band durch den Raum laufen
- sich im großen Kreis aufstellen, mit dem Band Kreise am Boden machen, die immer größer werden
- gemeinsam Aufwärts- und Abwärtsbewegungen mit dem Band ausprobieren
- die liegende Acht mit dem Band vor dem Körper machen
- zum Abschluss wieder zwei Runden mit dem flatternden Band laufen und dann mit dem Band immer kleiner und kleiner werden und sich hinsetzen

PSYCHOMOTORISCHER HINWEIS

Die Bewegungen für den Tanz sollten sich an den Kindern orientieren. Machen Sie am Anfang lieber nur wenige und einfache Bewegungsabfolgen, die die Kinder einfach und fließend durchführen können.

Alter
ab 4 Jahren
Gruppe
bis zu 6 Kinder

Das Gemüse bittet zum Tanz

Ein Tanzlied mit Kochbewegungen

Eine Gemüsesuppe braucht viele Zutaten. Bei dieser Bewegungsidee schlüpfen die Kinder in die Rolle des Gemüses – und landen spielerisch und per Tanzlied im Suppentopf.

DAS BRAUCHEN SIE

- einen großen Kochtopf
- einen Kochlöffel
- je 2 Tanzstäbe mit dem Bild einer Karotte, einer Zwiebel und einer Kartoffel, selbst gestaltet

VORBEREITUNG

Stellen Sie zunächst die Tanzstäbe her. Dazu auf zwei Pappkärtchen eine Kartoffel, auf zwei weitere eine Karotte zeichnen und die beiden letzten mit einer Zwiebel bemalen. Die Kärtchen mit Heißkleber (benutzen nur Erwachsene) an Bastelstäben anbringen. Nach Wunsch können Sie nach dem Trocknen die Stäbe noch mit Bändern oder Schleifen verzieren. Jedes Kind sucht sich einen Tanzstab aus und schlüpft so in die Rolle eines Gemüses. Am Rand stellen Sie den großen Topf auf.
Zur Melodie von „Bruder Jakob" singen Sie dann den folgenden Text. Die Kinder begleiten ihn mit den Tanzbewegungen.

Kommt, wir kochen,
kommt, wir kochen!
Helft ihr mit,
helft ihr mit?
Was kommt in die Suppe,
was kommt in die Suppe?
Schnipp, schnapp, schnipp,
schnipp, schnapp, schnipp!
Alle Kinder drehen sich und halten dabei ihren Stab hoch, bei „schnipp, schnapp, schnipp" können die Kinder Scheren- oder Messerbewegungen machen.

Kommt, wir kochen,
kommt, wir kochen!
Helft ihr mit,
helft ihr mit?
Zwiebeln, fein geschnitten,
Zwiebeln, fein geschnitten,
schnipp, schnapp, schnipp,
schnipp, schnapp, schnipp!

Die Kinder mit den Zwiebeln auf dem Tanzstab drehen sich, halten ihren Stab dabei hoch und legen ihre Stäbe anschließend in den Topf, die anderen Kinder machen die Scheren- oder Schneidbewegungen.

Kommt, wir kochen,
kommt, wir kochen!
Helft ihr mit,
helft ihr mit?
Karotten, fein geschnitten,
Karotten, fein geschnitten,
schnipp, schnapp, schnipp,
schnipp, schnapp, schnipp!

Die Kinder mit den Karotten auf dem Tanzstab drehen sich, halten ihren Stab dabei hoch und legen ihre Stäbe anschließend in den Topf, die anderen Kinder machen die Scheren- oder Schneidbewegungen.

Kommt, wir kochen,
kommt, wir kochen!
Helft ihr mit,
helft ihr mit?
Kartoffeln, fein geschnitten,
Kartoffeln, fein geschnitten,
schnipp, schnapp, schnipp,
schnipp, schnapp, schnipp!

Die Kinder mit den Kartoffeln auf dem Tanzstab drehen sich mit erhobenem Stab und legen ihre Stäbe anschließend in den Topf, die anderen Kinder machen die Scheren- oder Schneidbewegungen.

PSYCHOMOTORISCHER HINWEIS

Hier wird die Konzentration trainiert, da die Kinder darauf achten, zur richtigen Zeit ihr Gemüse in den Topf zu geben und die passenden Bewegungen dazu zu machen.

Alter
ab 4 Jahren
Gruppe
bis zu 10 Kinder

Wir tanzen heute den Robotertanz

Lustiger Karnevalstanz

Egal ob Karneval oder auch so, der Robotertanz macht einfach immer Spaß. Durch die Bewegungen, die alle im gleichmäßigen Rhythmus durchgeführt werden, wird das Rhythmusgefühl angesprochen und die Konzentration gestärkt.

DAS BRAUCHEN SIE

➡ lustige Musik

1. Übung: Der Roboter tanzt sich warm

Zuerst dürfen alle Roboter im Roboterschritt mit angewinkelten Armen und mit abgehackten Bewegungen durch den Raum gehen.

2. Übung: Wie soll der Roboter tanzen?

Fragen Sie die Kinder, welche Tanzbewegung der Roboter machen soll. Jedes Kind darf also einmal den Roboter programmieren. Die anderen Kinder tanzen dann die Bewegung nach.

3. Übung: Robotertanz

Überlegen Sie aus all den Bewegungen, welche sich am besten zu einem Robotertanz zusammenfügen lassen, und tanzen Sie den Robotertanz gemeinsam mehrere Male durch.

Wie sehe ich aus?

Alter
ab 4 Jahren
Gruppe
bis zu 6 Kinder

Den eigenen Körper nachlegen und zeichnen

In der Rhythmik sind neben der Bewegung das kreative Gestalten und das Legen von Bildern wichtige künstlerische Herangehensweisen. Mit Stift, Papier und vielen Kastanien finden Sie hier ein entspannendes Angebot für die Kinder.

DAS BRAUCHEN SIE

- Tapetenrolle
- Stifte
- viele gesammelte Kastanien
- Entspannungsmusik

1. Übung: Das bin ich

Im Rhythmus sanfter Musik zeichnen wir uns nach. Jedes Kind kann sich auf die Rückseite einer Tapetenrolle legen und von Ihnen seine Umrisse nachfahren lassen. Wenn die Kinder möchten, können sie auch gegenseitig ihre Umrisse nachfahren. Dabei kommt es nicht auf Schnelligkeit an, sondern auf das bewusste Nachfahren mit fließenden Bewegungen im Rhythmus der Musik.

2. Übung: Ich gestalte meine Umrisse mit Kastanien

Danach kann jedes Kind mit Kastanien seinen eigenen Umriss legen. Das ist gar nicht so einfach, weil es Geduld und Genauigkeit erfordert. Aber auch Achtsamkeit, weil die Kinder aufpassen müssen, die bereits gelegten Kastanien nicht wieder zu verschieben.

PSYCHOMOTORISCHE IDEE: KASTANIEN ERTASTEN

Sammeln Sie doch bereits im Vorfeld mit den Kindern die Kastanien. So können die Kinder sie bereits befühlen. Oder Sie betrachten gemeinsam die Kastanienschale und betasten sie vorsichtig mit den Fingern: Entdecken und fühlen die Kinder den Unterschied zwischen der stacheligen Schale und der glatten Kastanie?

Wir sind im Takt

Rhythmische Körperübungen

Alter
ab 5 Jahren
Gruppe
bis zu 8 Kinder

Bewegung und Musik passen gut zusammen. Diese Körperübungen stärken die Konzentration und die Aufmerksamkeit der Kinder.

Alle stehen mit etwas Abstand im Kreis. Beginnen Sie, indem sie mehrmals die Reihenfolge der Körperbewegungen und -geräusche vormachen. Die Kinder können dann einfach mitmachen. Wichtig ist dabei, dass alle Übungen jeweils sechsmal durchgeführt werden.

- sechsmal auf die Oberschenkel patschen
  dabei sprechen: „patschen, patschen, patschen"
- sechsmal in die Hände klatschen
  dabei sprechen: „klatschen, klatschen, klatschen"
- sechsmal stampfen
  dabei sprechen: „stampfen, stampfen, stampfen"

Wenn die Kinder sich sicher fühlen, können sie gemeinsam auch Variationen überlegen, beispielsweise:
- sich drehen
- hüpfen
- sich schütteln

PSYCHOMOTORISCHE IDEE: ÜBERKREUZBEWEGUNGEN

Zum Abschluss bieten sich Überkreuzübungen an. Dazu tippen Sie mit dem linken Arm auf das rechte Knie und mit dem rechten Arm auf das linke Knie. Führen Sie diese Übung zusammen mit den Kindern mehrmals durch. Dabei werden sehr gut die linke und die rechte Gehirnhälfte miteinander verknüpft.

Mit Bewegung in die Ruhe finden

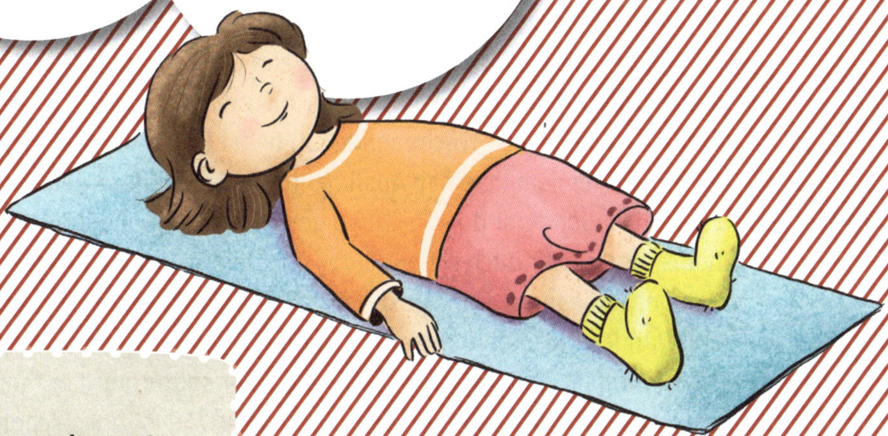

Mit den in diesem Kapitel enthaltenen Entspannungsgeschichten, meditativen Übungen und Yogaeinheiten wie dem Gorilla können die Kinder sich entspannen, wenn nötig, Dampf ablassen und in die Ruhe finden.

Alter
ab 3 Jahren
Gruppe
bis zu 12 Kinder

Unsere Wanderung zum Wasserfall

Eine Entspannungsgeschichte

Das Rauschen des Wasserfalls hat eine sehr beruhigende und entspannende Wirkung. Mit dieser Geschichte können Sie die Kinder in die Ruhe und Entspannung begleiten.

DAS BRAUCHEN SIE

➡ für jedes Kind eine Matte ➡ eine Klangschale ➡ Wasserfallrauschen, zum Beispiel aus dem Internet, von einer Videoplattform

Alle Kinder liegen auf ihren Matten. Wenn die Klangschale erklingt, beginnen Sie mit dem langsamen und ruhigen Vorlesen der Geschichte.

Stellt euch vor, es ist Wochenende. Du gehst heute nicht in den Kindergarten. Gemeinsam machst du mit deiner Familie einen Ausflug. Ihr wollt wandern gehen. Du bist schon ganz aufgeregt. Eigentlich wanderst du ja nicht so gerne, aber es soll einen ganz tollen Wasserfall am Ziel geben. Papa hat dir auch schon Bilder von dem Wasserfall gezeigt. Ungefähr zwei Stunden wird die Wanderung dauern. Ganz gespannt sitzt du im Auto und dann seid ihr auch schon am Startpunkt der Wanderung angekommen. Es kann losgehen.

Am Anfang ist der Weg noch sehr breit. Aber später wird er manchmal sehr schmal und auch etwas steiler. Puh, du musst tief durchatmen. Es ist ganz schön anstrengend, zu wandern. Du atmest kräftig ein und aus beim Gehen, dadurch bekommst du mehr Energie.

Nach einer Weile macht ihr eine Pause. Endlich! Ihr esst und trinkt und legt euch kurz ins weiche Gras. Du beobachtest die Wolken am Himmel. Du überlegst dir, was du in den einzelnen Wolken für Bilder sehen könntest.
Dann ist es Zeit, weiterzugehen. Schon bald hörst du ganz leise das Rauschen des Wasserfalls.
Die Musik mit dem Wasserfall/das Wasserfallrauschen wird angemacht.

Je weiter ihr geht, desto lauter wird das Rauschen.
Stellen Sie hier die Wasserfallklänge etwas lauter.

Endlich seid ihr am Wasserfall angelangt. Wow, wie toll! Du bist begeistert, wie schön der Wasserfall aussieht.
Ihr setzt euch auf einen Stein und beobachtet, wie das Wasser von oben nach unten rauscht.
Was für ein tolles Erlebnis!
Leider ist es nach einer Weile schon wieder Zeit für den Rückweg. Zu Anfang hörst du noch das Rauschen des Wasserfalles dicht hinter dir. Doch mit der Zeit wird es immer leiser und leiser, je weiter ihr euch vom Wasserfall entfernt.
Die Musik immer leiser werden lassen und dann ausstellen.

Das war ein schöner Ausflug!
Die Klangschale anschlagen zum Zeichen, dass das Ende der Entspannungsgeschichte erreicht ist.

PSYCHOMOTORISCHER HINWEIS

Klangschalen werden in der Psychomotorik sehr häufig verwendet, da sie eine beruhigende Wirkung haben und die Aufmerksamkeit fokussieren.

Alter
ab 4 Jahren
Gruppe
bis zu 8 Kinder

Wir rudern zur einsamen Insel

Eine Entspannungsgeschichte

Eine einsame Insel und ein Ruderboot laden bei dieser Ausflugsidee in Gedanken zum Entspannen ein. Was wohl in dieser Entspannungsgeschichte alles passieren wird?

DAS BRAUCHEN SIE

- eine Matte für jedes teilnehmende Kind
- eine Klangschale

Die Kinder legen sich gemütlich auf die Matten. Bevor die Geschichte beginnt, schlagen Sie die Klangschale an. Dann lesen Sie den Text mit ruhiger Stimme und kurzen Pausen langsam vor.

Stellt euch vor, wir machen zusammen einen kleinen Ausflug mit dem Ruderboot. Entspannt schaukelt unser kleines Boot sanft auf und ab. Während wir rudern, konzentrieren wir uns auf unseren Atem: Wir atmen langsam und tief ein. Dann atmen wir ruhig wieder aus.
Sanft gleitet unser Boot auf den Wellen des Meeres dahin. Die Sonne scheint uns warm ins Gesicht und unser ganzer Körper ist angenehm warm.
In weiter Ferne entdecken wir eine Insel. Schon von Weitem sehen wir eine große Palme. Langsam steuern wir unser Ruderboot auf die Insel zu. Gespannt steigen wir aus. Wir ziehen unser Ruderboot langsam auf den Strand.
Der Sand ist weich und angenehm warm. Bei jedem Schritt, den wir barfuß machen, knirscht der Sand leicht und kitzelt an den Zehen.
Wir gehen zu der großen Palme. Langsam und entspannt. Einen Schritt nach dem anderen.
Die Palme ist sehr groß und voller brauner, wunderschöner Kokosnüsse. Uns läuft das Wasser im Mund zusammen. Langsam beginnen wir die Palme hinaufzuklettern. Vielleicht kommen wir dann an die Kokosnüsse ran. Wir müssen uns konzentrieren. Die Rinde der Palme ist hart und rau. Nur langsam kommen wir voran. Ein Griff nach dem anderen.

Als wir oben angelangt sind, sehen wir in die weite Ferne. Die Sonne beginnt sich schon dunkelrot am Horizont zu färben. Es wird langsam Abend.
Wie pflücken eine Kokosnuss und klettern vorsichtig mit ihr wieder nach unten. Wir machen kurz Rast und lassen uns das saftige Fleisch der Kokosnuss schmecken. Sie schmeckt köstlich!
Wir gehen wieder zurück zum Boot. Mit einem kräftigen Schubs ist unser Ruderboot wieder im Wasser.
Zufrieden rudern wir nach Hause.
Wir atmen im Gleichklang mit den Wellen.
Glücklich und erschöpft kommen wir wieder zu Hause an. Das war ein wunderschöner Ausflug.
Die Klangschale läuten. Jetzt bewegen alle ihre Hände und Beine und recken und strecken sich kurz. Wer möchte, darf kurz von seinem Inselbesuch erzählen.

PSYCHOMOTORISCHE IDEE: MIT TÜCHERN EINE INSEL LEGEN

Mit blauen, grünen und gelben Tüchern können die Kinder ihre einsame Insel darstellen. Dies fördert ihre Kreativität und regt zudem zum gemeinsamen Agieren und Kooperieren an. Die Kinder lernen so, ihre eigenen Ideen zu vertreten.

Alter
ab 5 Jahren
Gruppe
bis zu 6 Kinder

Wir massieren uns

Ausklopfen der Gliedmaßen

Das Ausklopfen des Körpers ist eine bewährte Methode, um zu entspannen und den Körper mit neuer Energie aufzuladen. Auch bei Kindern funktioniert dies bereits.

1. Übung: Welche Körperteile haben wir?
Besprechen Sie mit den Kindern, welche Körperteile es gibt. Wissen die Kinder die Namen? Lassen sie die Kinder dazu auf ihre jeweiligen Körperteile tippen.

2. Übung: Ausklopfen von Armen und Beinen
Beginnen Sie mit dem Ausklopfen des linken Arms. Dazu macht die rechte Hand eine leichte Faust und beginnt auf der Innenseite der Schulter leicht zu klopfen. Ungefähr jeweils drei Mal, dann wandern Sie mit Klopfbewegungen den Arm hinunter. Auch die Handinnenfläche und die einzelnen Finger werden ausgeklopft. Dann wird auch die Außenfläche der linken Hand abgeklopft. Danach wird auf dieselbe Weise das linke Bein abgeklopft. Zuerst vorne und dann hinten.
Wie fühlt sich die abgeklopfte Seite an? Und wie die andere Seite? Fühlen die Kinder einen Unterschied? Der rechte Arm und das rechte Bein werden auf die gleiche Weise abgeklopft.

PSYCHOMOTORISCHE IDEE: OHREN REIBEN

Die linke Hand wird an das linke Ohr gelegt und die rechte Hand an das rechte Ohr. Jetzt werden die Ohrläppchen vorsichtig massiert. Diese Übung regt die Durchblutung an und stärkt die Konzentration.

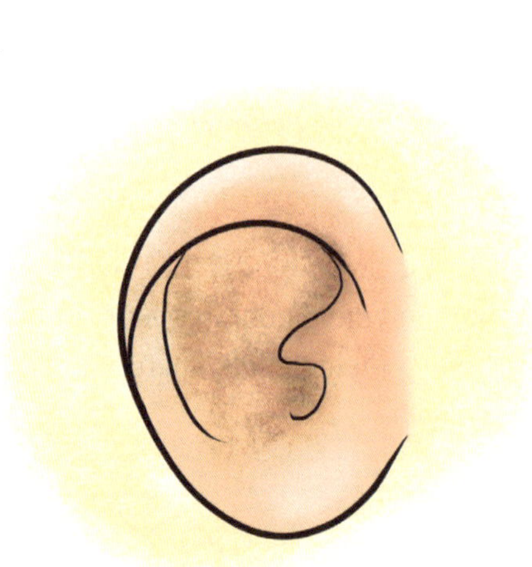

Komm, lass uns Schütteln!

Alter
ab 3 Jahren
Gruppe
ohne Begrenzung

Lockerungsübungen

Besonders für zwischendurch, beispielsweise vor dem Mittagessen, oder auch vor einem Projekt, das die Konzentration der Kinder fordert, können Sie die Kinder mit diesen Schüttelübungen entspannen und zur Ruhe bringen.

Komm, lass uns schütteln, schütteln, schütteln.
Hände ausschütteln.

Wir schütteln unsere linke Hand.
Schüttel, schüttel, schüttel.
Die linke Hand ausschütteln.

Wir schütteln unsere rechte Hand.
Schüttel, schüttel, schüttel.
Die rechte Hand ausschütteln.

Wir schütteln unser linkes Bein.
Schüttel, schüttel, schüttel.
Das linke Bein schütteln.

Wir schütteln unser rechtes Bein.
Schüttel, schüttel, schüttel.
Das rechte Bein schütteln.

Jetzt schütteln wir unsere Hände nach links.
Schüttel, schüttel, schüttel.
Hände nach links schütteln.

Und wir schütteln sie nach rechts.
Schüttel, schüttel, schüttel.
Hände nach rechts schütteln.

Wir schütteln sie nach oben.
Schüttel, schüttel, schüttel.
Hände nach oben halten und schütteln.

Und nach unten.
Schüttel, schüttel, schüttel.
Hände nach unten halten und schütteln.

So, jetzt sind wir ausgeschüttelt!

PSYCHOMOTORISCHER HINWEIS

Je regelmäßiger Sie mit den Kindern diese Übung durchführen, desto besser gelingt es ihnen, in die Ruhe und zur Konzentration zu finden. Dies sind wesentliche Bestandteile in der Psychomotorik.

Alter
ab 4 Jahren
Gruppe
max. 6 Kinder

Wir würfeln unsere Übung

Einsatz des Yogawürfels

Aus dem Yoga sind viele Übungen mit Tiernamen bekannt, beispielsweise Kobra oder Löwe. Für diese Idee stellen Sie sich ganz einfach Ihren eigenen Yogawürfel mit Tierübungen her.

DAS BRAUCHEN SIE

- Bilder von Käfer, Spinne, Schildkröte, Schmetterling, Hase und einem Fragezeichen
- einen Einsteckwürfel (aus dem Kitafachhandel) oder einen großen Holzwürfel
- evtl. Schere und Kleber

VORBEREITUNG

Stecken Sie Ihre Bildkärtchen in die Seiten des Einsteckwürfels. Sie können dazu Bilder aus dem Internet ausdrucken oder einfach Pappkärtchen in der Größe der Einstecklaschen mit den Kindern selbst bemalen. Alternativ können Sie einen größeren Holzwürfel besorgen und auf seine Seiten Bilder von den entsprechenden Tieren sowie das Fragezeichen kleben.

DURCHFÜHRUNG

Nacheinander können die Kinder nun würfeln. Das Tier, das auf dem Würfel oben liegt, gibt die nächste Yogaübung an. Fällt beim Würfeln das Fragezeichen, darf sich das würfelnde Kind eine Übung aussuchen.

Der Käfer

Alle Kinder legen sich auf den Rücken. Der Kopf liegt auf dem Boden auf. Nun strecken sie die Arme und Beine senkrecht nach oben und zappeln mit ihnen wie ein Käfer. So wird alles richtig schön ausgeschüttelt und gelockert.

Der Frosch
Die Kinder gehen in die Hocke, die Handflächen berühren den Boden. Dann springen sie vorwärts. Wer möchte, darf dazu quaken.

Die Schildkröte
Die Kinder setzen sich auf den Boden und stellen die Füße auf. Nun lassen sie die Knie nach außen fallen und greifen mit den Händen die Fußgelenke. Dann können sie, wenn möglich, den Oberkörper langsam nach vorne sinken lassen – aber nur so weit, wie es ohne wehzutun geht. Die Hände wandern unter den Beinen durch und fassen die Fußgelenke von außen. Einen Moment halten und langsam wieder lösen.

Der Schmetterling
Die Kinder sitzen mit geradem Rücken auf dem Boden und stellen die Füße auf. Die Arme liegen entspannt neben dem Körper. Nun wieder die Knie nach außen fallen lassen, dabei, wenn möglich, die Fußsohlen aneinanderlegen oder sich berühren lassen. Jetzt umfasst die linke Hand den linken Fußknöchel und die rechte Hand den rechten Fußknöchel. Noch einmal prüfen, dass der Rücken ganz gerade ist! Dann können die Kinder mit den Beinen wie mit Flügeln leicht auf und ab wippen. Zum Schluss die Hände an die Knie legen und die Beine wieder zusammenführen.

Der Hase
Die Kinder gehen in den Vierfüßlerstand. Nun beugen sie den Kopf langsam zwischen den Händen hindurch in Richtung Boden. Dort wird er ganz vorsichtig aufgesetzt, sodass aber nicht die Stirn, sondern die Kopffläche aufliegt. Prüfen Sie kurz, ob bei den Kindern alles in Ordnung ist. Wenn die Kinder sich trauen, können sie nun noch die Hände vom Boden lösen und hinter dem Rücken nach oben strecken. Dabei kommt es nicht darauf an, wie weit man die Arme strecken kann. Sie sollten mit den Kindern nicht zu lange in dieser Position bleiben. Nur kurz die Arme oben halten, dann langsam absenken und die Hände neben dem Kopf auf dem Boden aufstützen. Dann Kopf und Oberkörper langsam wieder heben.

Alter
ab 5 Jahren
Gruppe
bis zu 6 Kinder

Auf dem Bauernhof

Im Yoga die Bauernhoftiere nachspielen

Um die Tierfiguren aus dem Yoga auf spielerische Art und Weise zu vertiefen, bietet sich eine kleine Tiergeschichte an. Hier besuchen die Kinder in der Fantasie einen Bauernhof.

DAS BRAUCHEN SIE

- Matten für jedes Kind

Heute machen wir mit dem Kindergarten einen Ausflug zum Bauernhof. Wir haben Glück, denn der Bauernhof ist nicht weit weg. Wir erreichen ihn zu Fuß.
Gemeinsam können die Kinder mehrere Runden gehen.

Manchmal können wir auch etwas schneller laufen auf den Feldwegen, ganz wie wir möchten.
Etwas schneller laufen, beispielsweise auf der Stelle

Auf dem Bauernhof angekommen, begrüßt uns als Erster der Hofhund mit einem lauten „Wau, wau!". „Der Hund ist brav. Ihr braucht keine Angst vor ihm zu haben", meint die Bäuerin, die uns empfängt.
Alle dürfen die Übung „Hund" machen. Dazu in den Vierfüßlerstand gehen, dann die Zehenspitzen aufstellen und das Gesäß anheben. Beine und Arme sind gestreckt und die Handflächen sind am Boden. Es sieht aus wie ein Dreieck. Der Kopf hängt locker herunter. Alle können dazu bellen wie ein Hund.

Natürlich wollen wir den ganzen Bauernhof und alle Tiere kennenlernen.
„Was glaubt ihr, welche Tiere gibt es alles auf dem Bauernhof?", fragt der Bauer.
Die Kinder können aufzählen, welche Tiere ihnen einfallen.

Zuerst besuchen wir den Hahn und die Hühner. Als wir näherkommen, hören wir schon das laute „Kikeriki" des Hahns.
Alle machen die Yogaübung „Hahn". Dazu in den Schneidersitz gehen und die Arme überkreuzen. Die Fingerspitzen werden dabei auf die gegenüberliegende Schulter gelegt, die Ellbogen werden wie Flügel hoch und runter bewegt, dabei laut „Kikeriki!" rufen.

Natürlich gibt es auch noch Kühe auf dem Bauernhof. Die sind gerade auf der Weide. Wir laufen alle Richtung Weide.
Die Kinder können ein paar Runden laufen.

Wir hören die Kühe auch schon zufrieden muhen.
Alle machen die Yogaübung „Kuh". Dazu in den Vierfüßlerstand gehen, der Rücken ist gerade. Den Bauch nach unten hängen lassen, sodass ein Hohlrücken entsteht, und das Gesicht nach vorne oben richten. Dazu laut „Muh" rufen. Danach in die Ausgangsposition zurückkommen.

Neben der Kuhweide liegt die Koppel für die Ponys. Insgesamt drei Ponys gehören zum Bauernhof.
Alle machen gemeinsam die Yogaübung „Pferd". Dazu im Stehen die Hände zum Boden strecken und die Handflächen auf den Boden legen. Jetzt das rechte Bein nach hinten oben schwingen, dann wieder abstellen. Dann wird das linke Bein ebenso nach hinten geschwungen.

Jetzt gehen wir wieder zurück zum Stall. Auf dem Weg treffen wir noch die Katze.
Alle machen die Yogaübung „Katze". Dazu in den Vierfüßlerstand gehen. Die Handgelenke befinden sich unter den Schultern und die Knie sind auf Hüfthöhe. Beim Ausatmen einen runden Katzenbuckel machen. Dazu langsam Wirbel für Wirbel den Rücken aufrollen und den Kopf nach unten hängen lassen beziehungsweise das Kinn zur Brust ziehen. Mit dem Einatmen langsam in die neutrale Position kommen. Wer möchte, kann nun „Miau!" rufen.

So viele Tiere leben auf dem Bauernhof! Zum Abschluss machen wir noch einmal jedes Tier nach, das auf dem Bauernhof lebt.

PSYCHOMOTORISCHER HINWEIS

In der Psychomotorik wird gerne auf einzelne kindgerechte Yogafiguren zurückgegriffen, da diese die eigene Körperwahrnehmung, die Beweglichkeit und das eigene Selbstwertgefühl steigern.

Alter
Ab 3 Jahren
Gruppe
bis zu 6 Kinder

Ich bin so wütend heute

Yogaübungen gegen die Wut

Manchmal sind Kinder wütend. Nicht immer ist es dann einfach, eine gute Möglichkeit zu finden, die Wut rauszulassen, ohne andere dabei zu stören oder zu verletzen. Diese einfachen Übungen können dabei helfen.

1. Übung: Brüllender Löwe
Im Fersensitz hinsetzen, den Oberkörper aufrichten und die Hände auf den Oberschenkeln ablegen. Nach vorne beugen und das Gesäß anheben. Jetzt wie ein Löwe ganz laut brüllen.

2. Übung: Trommelnder Gorilla
Im Stand die Beine leicht grätschen und die Hände zu Fäusten ballen. Mit den geballten Fäusten wechselseitig auf den Brustkorb trommeln und dabei wie ein Gorilla brüllen.

3. Übung: Brodelnder Vulkan
In die Hocke gehen und mit den Händen im Wechsel langsam auf den Boden trommeln.
Dabei wird gesprochen: „Es brodelt, es brodelt, es brodelt." Die Kinder werden beim Sprechen und Trommeln immer schneller.
Dann rufen Sie gemeinsam: „Hilfe, der Vulkan bricht aus!" Die Kinder springen hoch und heben die Hände hoch.

Tipp Die Übungen können auch ganz schnell in den Tagesablauf integriert werden, wenn die Kinder unruhig sind. Machen Sie dann einfach gemeinsam, beispielsweise vor dem Mittagessen, einige Male die Vulkanübung.

Stehen wie ein Baum

Eine Yogaübung für das Gleichgewicht

Alter
Ab 5 Jahren
Gruppe
bis zu 8 Kinder

Viele Kinder, deren Eltern Yoga machen, kennen wahrscheinlich bereits die Haltung „Baum". Mit etwas Übung und Geduld können die Kinder bald wie ein Baum stehen.

DAS BRAUCHEN SIE

- für jedes teilnehmende Kind eine Matte

DURCHFÜHRUNG

Die Kinder stehen fest mit geschlossenen Beinen und versuchen dabei nicht zu wackeln. Nun legen sie die Hände vor der Brust so zusammen, dass die Handflächen sich berühren. Die Ellbogen zeigen dabei nach außen.
Dann wird ein Bein vom Boden gelöst und angewinkelt nach oben gehoben. Die Fußsohle wird in der Kniekehle des anderen Beins (des Standbeins) abgestützt.
Danach wird die Übung mit dem anderen Bein wiederholt. Hierbei kommt es nicht darauf an, dass das angehobene Bein möglichst hoch am anderen angesetzt wird. Wichtiger ist es, stabil zu stehen und nicht umzukippen. Das braucht am Anfang sicherlich etwas Übung. Vielleicht hilft es den Kindern auch, sich mit den Augen auf einen Punkt zu konzentrieren.

PSYCHOMOTORISCHER HINWEIS

Diese Übung stärkt das Gleichgewicht und die eigene Körperwahrnehmung.

Alter
ab 3 Jahren
Gruppe
bis zu 6 Kinder

Hörst du die Klangschale klingen?

Meditative Entspannung

Die Klangschale ist ein wunderschönes Instrument, das eine beruhigende Wirkung haben kann. In dieser kleinen Übung können die Kinder das Vibrieren der Klangschale mit dem eigenen Körper nachfühlen und die Schallwellen durch sich hindurch wirken lassen.

DAS BRAUCHEN SIE

- eine Klangschale
- für jedes teilnehmende Kind eine Matte

1. Übung: Wie lange klingt die Klangschale?
Ein Kind beginnt, indem es die Klangschale in die Hand nimmt und sie behutsam anschlägt. Alle hören leise dem Ton zu. Sobald der Ton verklungen ist, gibt das Kind die Klangschale an das nächste Kind weiter. Sie können nach Wunsch so lange weiterspielen, bis alle Kinder die Klangschale anschlagen durften.

2. Übung: Wie klingt die Klangschale auf dem Rücken?
Alle Kinder liegen auf dem Bauch auf ihrer Matte. Jetzt bekommen alle Kinder, die das möchten, die Klangschale auf den Rücken gestellt. Vorsichtig wird die Klangschale angeschlagen. Sobald der Ton verklungen ist, wandert die Klangschale zum nächsten Kind weiter. Das Kind darf sich jetzt in eine bequeme Entspannungshaltung legen.
Wichtig: Nicht alle Kinder mögen vielleicht, dass die Klangschale auf ihrem Rücken steht. Natürlich kann die Klangschale auch neben dem Kind stehen, wenn es diesem lieber ist.

PSYCHOMOTORISCHER HINWEIS

In der Psychomotorik wird die Klangschale, wie auch bei vielen Entspannungsmethoden, sehr häufig benutzt. Ihr besonderer Klang wirkt beruhigend und je nach Tonhöhe entschleunigend und stressabbauend oder dynamisierend. Für Kinder empfehlen Fachleute oft einen Klang in einem nicht zu hohen Erde-Ton (G).